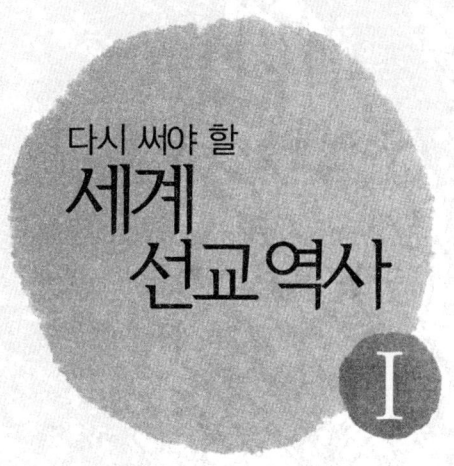

다시 써야 할
세계 선교역사 I

세계로 확산된 성령의 불길

| 최정만 지음 |

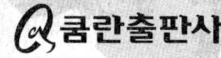
쿰란출판사

 *Preface*

이 책의 제1장은 '세계 선교 역사가 왜 다시 써져야 하는가?'에 대한 논의이다. 그것을 위해 심오한 학적 근거와 분명한 논리를 가진, 이 분야 세계 석학들의 수많은 저서를 주의 깊게 참고하였다. 그간 독일의 바르네크(Gustav Warneck)나 영국의 닐(Stephen Neill), 미국의 라투렛(Kenneth S. Latourette)의 선교 역사는 모두 서구 식민주의 정복사관이라는 세계관에 의해 써졌다. 이러한 선교 역사는 복음을 받는 자의 상황보다는 주는 자의 상황에 맞춘 선교 역사였다. 그러므로 지금까지의 세계 선교 역사는 서구 교세의 확장사 내지는 서구 교회의 성장사라 해도 과언이 아닐 것이다. 즉 도널드 맥가브런(Donald A. McGavran)이 '선교'라는 용어를 쓰는 대신에 '교회 성장(Church Growth)'이라는 신조어를 사용한 것만 보아도 선교의 개념이 서구교세의 확장과 동일 개념으로 쓰이고 있다는 논리는 타당

성을 가진다.

그리고 지금까지 일반적으로, 바울을 오순절 이후의 최초의 선교사(missionary)라고 부르고 있지만, 이 책에서는 베드로를 최초의 선교사로 부르고 있다. 그 이유와 학적 근거 역시 제2장에서 밝히고 있다. 또한 켈틱 선교의 중심에서 활약한 패트릭과 콜럼바, 아이단, 빌리브로드, 보니파세, 안스가르와 이들에 의해서 유럽이 복음화되어 가는 감동 넘치는 이야기, 이슬람 선교의 선구자 레이몽 룰이 전개한 선교 등, 이론과 실제는 오늘날도 중동을 중심으로 한 아랍권 선교의 값진 교과서가 되기에 충분하다고 본다.

이 책에서 그려지고 있는 프란시스 자비에르와 마테오 리치, 그리고 친첸도르프의 선교 정신 및 모범적인 선교사로서의 생애를 살다 간 이야기는 감동과 감격을 넘어서 선교 사명을 향한 성령의 뜨거운 불길을 오늘 우리에게 건네주는 듯하다. 한편 조지 스미스(George Smith)는, 현대 선교의 아버지로 알려진 윌리엄 캐리가 쓴 87페이지에 달하는 논문을 두고 "지금까지 영어로 쓰여진 가장 위대한 선교학 논문"이라고 극찬하였다. 그러나 논문 제목과 윌리엄 캐리에 대해서는 이미 널리 알려져 있음에도 불구하고 그 내용이 아직까지 한국 신학계에 자세히 알려진 적이 없었다. 그런데 이 책에서 그 내용이 처음으로 자세히 소개되고 있다.

이 책에는 윌리엄 캐리의 선교 동기와 목적 및 그의 선교 사상에 크게 영향을 준 데이비드 브레이너드와 미국 인디언 선교에 대해서, 그리고 그 전후 흐름과 영향 관계가 자세히 언급되어 있다. 또한 한국 기독교 초기에 선교사를 파송한 미국 교회의 해외 선교 운동이 어떻게 시작되어 평양의 대부흥과 한국 교회에 성령의 불길이 번진 과정에 대해서 신학을 전공하지 아니한 평신도들도 이해하기 쉽게 그리고 뜨거운 성령의 은혜를 체험할 수 있게 쓰여졌다.

그러므로 해외에 나가 선교 사역에 종사하시는 12,000명의 한국 선교사들은, 오순절 예루살렘에 붙었던 성령의 불길이 어떠한 흐름을 따라서 오늘날 한반도에까지 확산되어 불붙고 있는지, 한번쯤은 이 책을 읽을 필요가 있다. 자기 자신의 혈통에 대한 뿌리를 알려는 관심도 중요하지만, 특히 한국 선교사들은 먼저 자신의 신앙의 뿌리를 알고 선교적 정체성을 확립한 후에 사명에 임해야 할 것이다. 한국 교회가 국내는 물론 해외 이민 교회에서도 선교의 열기가 대단히 높은 것은, 하나님이 한국 교회를 쓰고 계신다는 증거이다(행 1:8).

이 책은 평신도들이 부담없이 쉽게 읽을 수 있는 선교 이야기책이다. 이 책을 읽으시는 독자마다 성령의 뜨거운 불길이 임하여 선교에 헌신하시는 분이 더욱 많아지기를 기원한다.

2007년 1월 5일
세계선교연구소에서
최 정 만

 Contents

머리말 _ 2

제1장 다시 써야 할 세계 선교 역사 | 7
제2장 오순절 성령의 불길과 로마 제국 선교 | 19
제3장 기독교와 이슬람의 만남 | 44
제4장 십자군, 수도원, 평신도 신앙 개혁 운동
      (A.D. 950–1500년) | 71
제5장 종교 개혁기의 세계 선교 | 99
제6장 현대 선교 사상의 뿌리 | 139
제7장 북미 대륙 인디언 선교 | 152
제8장 위대한 세기의 선교 운동 | 168
제9장 미국 해외 선교 운동의 시작 | 195
결론 | 214

참고 문헌 _ 217

제1장 다시 써야 할 세계 선교 역사

복음과 역사

복음은 시간과 공간을 초월한 영적 성격을 가지고 있으나, 역사는 시간과 공간을 씨줄과 날줄로 하여 짜여진 천과 같은 것이다. 그리고 복음은 수직적인 성격을 가지나, 역사는 수평적 성격을 가진다. 그러므로 복음과 역사는 그 영역과 속성이 서로 다르면서도, 서로 만남으로써 역사는 비로소 그 의미를 가지게 되고 복음은 그 목적을 달성하게 된다.

레슬리 뉴비긴은 "복음은 전 인류와 우주적 실재(cosmic reality)를 지향하고 있다"고 했다. 그러나 그것은 특정한 사람과 특정한 문화에 속한 장소와 결부되어 있다.[1]

성경이 말하고 있는 '인간'은 다른 사람과의 '관계' 속에서

---

1) Leslie Newbigin, *The Open Secret*(Grand Rapids: William Eerdmans Publishing Company, 1995), 66.

존재하며 하나님이 창조하신 '세상의 일부'로서 존재한다. 하나님의 형상은 사람과 관계 지어질 때 나타난다. 그리고 그 형상은 "생육하고 번성하여 땅에 충만하라, 땅을 정복하라"는 문화 명령(cultural mandate)을 받는다.[2]

그런데 지금까지의 세계 역사는 서구 문명 중심 사관에 의해 쓰여졌고, 그러한 서구 문명 중심 사관에 의한 기독교 전통이 가르쳐 온 자연 정복 사상에 의해 생태계가 파괴되었으며 자연이 오염되어 왔다고 주장하는 학자들이 있다.[3]

이렇게 본다면 기독교의 세계관과 역사를 바라보는 사관에 문제가 존재하고 있다는 것을 부인할 수 없다. 따라서 지금은 하나님의 창조 목적과 창조 세계의 질서에 새로운 해석과 이론의 필요성이 그 어느 때보다도 절실히 요구되는 시점이다.

여기서 기독교 세계관이 재정립되어야 하고, 기독교의 선교 역사가 다시 써져야 한다는 주장이 과거사를 다시 검토해 보아야 한다는 시대적 요구에 부응하고 있음을 알 수 있다. 특히 계몽주의의 영향을 받은 근대의 서구 기독교 전통은 인간 중심적이며 자연 정복적인 면이 있었음을 부인할 수 없기 때문이다.

그러나 하나님은 이미 창조 시부터 인간과 자연의 관계에 대한 올바른 모습을 성경을 통해 알려 주셨다. 즉 인간이 자연 세계에서 하나님의 창조 사역을 계속해 나감에 있어 생명 있는 피조물과의 진정한 관계란, 정복이 아니라 '관계'를 나누는 것이라는 것이다. 그렇지만 성경 해석을 바르게 하지 못한 까닭에 지금까지의 복음 선교의 역사는 자연 정복 역사에 편승해 온 것

---

2) Ibid., 69.

이 사실이다.[4]
다시 말하면 성경 속 깊이 담겨진 하나님의 뜻은, 자연을 인

---

3) E. Calvin Beisner, *Prosperity and Poverty*(Westchester, Ill.: Crossway Books, 1988); Dietrich Bonhoeffer, *Creation and Fall*(New York: Macmillan, 1959); John B. Cobb Jr., *Is It Too Late?: A Theology of Ecology*(Beverly Hills, CA: Bruce, 1972); John B. Cobb Jr., "Post-modern Christianity in Quest of Eco-Justice" in *After Nature's Revolt: Eco-Justice and Theology*, ed. Dieter T. Hessel(Minneapolis: Augsburg Fortress, 1992); John B. Cobb Jr., *Sustainability: Economics, Ecology, and Justice*(Maryknoll, N.Y.: Orbis Books, 1992); Harvey Cox, *The Secular City: Secularization and Urbanization in Theological Perspective*(New York: The Macmillan Co., 1965); Harvey Cox, *Five from Heaven: The Rise of Pentecostal Spirituality and the Reshaping of Religion in the Twenty-first Century*(New York: Addison-Wesley pub. Co., 1995); Paul R. & Ann H. Ehrlich, *Population, Resources, Environment: Issues in Human Ecology*(San Francisco: W.H. Freeman and Co., 1970); Matthew Fox, *The Coming of the Cosmic Christ*(San Francisco: Harper & Row Publishers, 1988); Douglas J. Hall, *The Steward: A Biblical Symbol Come of Age*(New York: Friendship Press, 1990); David Kinsley, *Ecology and Religion: Ecological Spirituality in Cross-Cultural Perspective*(Englewood Cliffs, N.J.: Prentice Hall, 1955); Richard Kyle, *The New Age Movement in American Culture*(Lanham, MD: University Press of America, 1995); Paul Lutz and Paul Santmire, *Ecological Renewal*(Philadelphia: Fortress Press, 1972); Sallie McFague, *Model of God: Theology for an Ecological, Nuclear Age*(Philadelphia: Fortress Press, 1987); Sallie McFague, *The Body of God: An Ecological Theology*(Minneapolis: Fortress Press, 1993); Ian McHarg, *Design With Nature*(Garden City: Natural History Press, 1969); Ame Naess, *Ecology, Community and Lifestyle*(Cambridge: Cambridge University Press, 1989); Eric C. Rust, *Nature and Man is Biblical Thought*(London: Lutterworth Press, 1953); Eric C. Rust, *Science and Faith: Toward a Theological Understanding of Nature*(New York: Oxford University Press, 1967); Eric C. Rust, *Nature: Garden or Desert?*(Waco, Tex: Word Books, 1971); Paul Santmire, *The Travail of Nature: The Ambiguous Ecological Promise of Christian Theology*(Philadelphia: Fortress Press, 1985); Joseph K. Sheldon, *Rediscovery of Creation: A Biblical Study of the Church's Response to the Environmental Crisis*(Metuchen, J.J.: The American Theological Library Association, 1992); David Spangler, *Reimagination of the World: A Critique of the New Age, Science, and Popular Culture*(Santa Fe, N. Mex: Bear & Company, 1991); Lynn White, "The Historical Roots of Our Ecologic Crisis", *Science* 155(1967, 1203-1207); Richard T. Wright, *Biology Through the Eyes of Faith*(San Francisco: Harper & Row, Pub., 1989).
4) Ibid.

간 마음대로 정복하면서 인간의 욕망을 채우고 쾌락을 추구하는, 인간 중심의 이기적인 죄악 문화를 건설하라는 것이 아니었다는 것이다. 그러므로 창조주 하나님 앞에서는 인간도 피조물의 일부라는 사실을 한시도 망각해서는 안 된다. 인간이란, 창조주 하나님이 모든 피조 세계를 창조하신 목적을 '그의 보시기에 좋음'에 두었을 때 창조의 최후 화룡점정적 걸작이랄까 아니면 보석 중의 다이아몬드에 해당한다고 할 수 있을 것이다. 그러나 다이아몬드가 깨지거나 금이 가면 보석으로서의 가치가 없게 되듯이, 인간이 타락하고 범죄했을 때 모든 피조 세계는 탄식한다.

복음은 씨앗이고, 역사는 토양과 기후다. 아무리 좋은 씨앗이라도 좋은 토양과 좋은 기후를 만나야 건강한 싹이 나고 튼튼한 잎과 줄기가 자라며 좋은 열매를 맺을 수 있다. 또한 복음은 정자요 역사는 난자라고 비유하는 학자도 있다. 정자가 난자를 만나야 새로운 생명을 태동시키듯이, 복음이 역사를 만나야 새로운 생명을 태동시키는 일이 일어난다.

선교 역사와 교회사

지금까지의 선교 역사는 마치 화석을 연대순으로 배열하는 것과 같이 별다른 것이 아니었다. 생명 구원의 구속적 사관(history of salvation)이나 성령 활동의 역동적인 사관(dynamic view of history)에 의해 쓰여진 것이 아니라, 연대기적 사건(chronological events)의 나열에 불과한 기록이었다.

그러나 선교 역사는 화석 조각의 모음이 아니라, 그 자체가 살아 숨 쉬는 생명체이다. 선교 역사 자체가 또한 역사적 교훈을 말해 주는 생명체이다. 일반 세속 역사도 일정한 사관(a particular historical view)에 의해 바라볼 때 비로소 의미가 발견되듯이 선교 역사도 선교의 이론적 토대 위에서 바라볼 때 거기서 올바른 의미가 찾아지는 것이다.

그 땅에서 수천 년 대대로 살아온 토착인이라 하여, 자신들의 역사에 대해 바른 의미를 깨닫고 자신들의 역사를 깊이 있게 이해하는 것은 아니다. 오히려 외부에서 방문한 사람이라도 역사적 이해를 바르게 할 수 있는 전문적인 기초와 훈련이 되어 있는 사람이라면, 그 사람이 훨씬 더 깊이 그 역사를 이해할 수 있을 것이다. 선교사도 마찬가지다. 선교사가 어떤 문화권에 가서 일정 기간 선교 활동에 종사했다고 해서, 저절로 그들의 선교 역사나 문화 이해의 전문가가 되는 것은 아니다. 역사 연구의 이론을 통해 일정한 사관을 가지고 깊이 연구하고 더 나아가서 역사가 가르쳐 주는 교훈 앞에 겸손히 머리를 숙일 줄 아는 자만이 선교 역사에 대한 바른 이해를 가질 수 있다.[5]

---

[5] 요즘 일부 선교사 출신 가운데서 초지일관 선교에 헌신하지 못하고 선교지를 떠나 직업을 바꾼 자들 가운데는, 자기의 선교지 경험을 내세워 풀타임 선교 사역 경험이 없는 선교학자들을 폄하하는 교만에 찬 발언을 하는 일이 있다. 이로 인하여, 선교에 대한 전문적인 지식이나 이해가 부족한 평신도들이나 교회의 일부 지도자들 중에는 이러한 선교사들의 언동으로 혼란을 느끼는 분들이 간혹 있다고 한다. 그래서 그냥 넘어가는 것보다는, 한마디 언급하는 것이 교회와 선교와 신학의 바른 관계 정립을 위해서 유익하겠다고 생각되어서 몇 가지를 밝혀 두고자 한다.
결론부터 말하면, 선교사의 현장 선교 경험이 선교의 학문적 작업에 약간의 참고는 될지언정, 그들의 선교지 경험 자체가 결코 학문은 아니라는 사실을 교회 지도자나 성도들이 이해해 주었으면 한다. 동물학자가 반드시 축산업을 거쳐서 동물학자가 되어야 한다거나, 어류학자가 반드시 어부 출신이어야 한다든지, 농학자가 반드시 농부 출신이어야 한다고 하면 이거야말로 얼마나 우스꽝스러운 주장인가 말이다. 그러나 이러한 논리나 이러한 사고방식이 인간의 의식 구조에 자리 잡을 수 있는 한국적 현실이

선교 역사는 생명의 역사요 운동의 역사다. 그러나 교회사는 교리의 역사요, 교회의 신조 및 신앙 고백의 역사다. 선교 역사는 하나님의 백성의 확장의 역사요, 교회사는 교회의 조직과 제도의 변천사다. 선교 역사는 복음의 기쁜 소리가 메아리치는 생명 약동과 환희의 역사요, 교회사는 교세 확장과 교회 분열과 교권 투쟁의 역사다. 교회사는 중요한 사람과 사건과 제도와 교권 중심의 역사요, 선교 역사는 보잘것없지만 살아 꿈틀대는 씨앗의 역사요, 주변에서 보잘것없이 시작되어 중앙으로 확산되어 온 주변 갱신 운동의 역사다.

안타깝게 느껴진다. 학자는, 현장에서 수집한 자료뿐 아니라 도서관에 쌓인 여러 가지 문헌들을 찾아서 그것들을 분석하고 거기서 의미를 찾아내고, 또 분석한 자료들을 비교하고 종합하여 그 가운데서 이론을 찾아내고 현실에 적용할 수 있는 방법과 전략을 만들어내는 일을 하는 것이다. 그리고 그것을 논문이라는 도구를 통해 표현하고 저술로 정리해서 발표한다. 또한 그러기 위해 고도의 전문 지식과 논리와 오랜 연구와 인내를 요구하는 전문 직업이 학자라는 직업이다. 이러한 학문적 작업을 위해 필수적으로 요구되는 것은, 수많은 언어로 쓰여진 문헌을 읽고 분석하고, 그 문헌을 일정한 논리 체계에 따라 자유자재로 재구성할 수 있는 전문적 지식과 논리적 사고를 해나갈 수 있는 학자적 기본 자질이다. 물론 학자에게도 선교 현장의 데이터와 경험이 때에 따라 필요한 것은 사실이다. 그러나 모든 선교학자에게 이 경험이 다 필요한 것은 아니다. 학자는 이러한 자료와 경험을 반드시 자기 자신의 직접적 체험을 통해 얻을 필요는 없다. 왜냐하면 사람이란 자기 속에 가지고 있는 세계관에 의해서만 외부 세계가 보이기 때문에 자기 자신의 체험에 의해 얻어진 자료는 오히려 그 범위가 너무 좁고 한정적이며, 자기 자신의 세계관 중심의 관찰이 되어 너무 주관적이고 편파적인 자료 수집이 되기 쉽기 때문이다.

선교학자는 오히려, 객관적인 위치에서 여러 다른 사람들에 의해 경험되고 수집된 자료들을 가지고 선교학의 작업을 하기 때문에 훨씬 더 넓은 차원과 높은 수준에서 학문을 할 수 있는 것이다. 선교사는 자기가 체험한 문화에 대해 하나의 사례 제시(case presentation)적 차원에서 자기 표현은 할 수 있다. 그러나 극히 주관적이거나 잘못된 세계관을 가지고 경험한 지식을 일반화시킨다면, 인류 발전에 유익을 가져오기보다는, 오히려 해악을 가져온다는 사실을 항상 명심해야 한다. 문화의 평가나 선교적 경험은 항상 상대적이다. 선교 현지에 대해서 자기의 체험을 통해 안다는 것, 그것이야말로 장님이 코끼리 다리를 만져보는 것이 아닌가 하는 생각을 항상 가지는 것이 필요하다. 차라리 풀타임 선교 현장 경험은 없더라도, 부지런히 현장을 오가며 자료를 수집하고 분석하고 종합하면서 도서관에 쌓인 문헌들을 뒤져서 연구하고 있는 이름 없는 학자들의 노력에 의해, 선교학은 오늘도 빠른 속도로 발전해 가고 있는 것이다.

주변 갱신 운동의 역사로서의 선교 역사

폴 E. 피어슨이 2004년 9월 '태국 세계 복음화 포럼'에서 강조한 주변 이론(periphery theory)을 보면, 갈릴리 나사렛은 로마 제국의 웅장하고도 화려한 전체적 판도 아래서 볼 때 팔레스타인 중에서도 지리적으로나 문화적으로 보잘것없는 변두리 중의 변두리였다는 것이다. 여기서 시작된 세계 복음화 운동의 새로운 물결은 세계를 뒤엎는 놀라운 역사를 만들어내었다고 했다.6)

그렇기 때문에, 선교 역사의 기술 대상은 항상 그 시대적으로는 소외된 지역이었고, 주류적인 흐름에서는 멀리 떨어진 새로운 흐름이었으며, 존재 의식이 느껴지지 않는 보잘것없는 움직임이었다. 변방 교회에서 일어난 새로운 생명 운동이 차츰 확산되어 감에 따르는, 제도권과의 사이에 일어나는 긴장도 피할 수 없는 과정으로 등장한다. 그리고 그러한 운동들이 제도권에 흡수되면서, 새로운 생명 운동은 제도화의 위험에 떨어지게 되고 선교의 열정을 잃어버리게 된다.7)

피어슨이 지적하고 있는 세계 선교 역사에서 찾아볼 수 있는 주변 운동(periphery movement)으로는 갈릴리에서 시작된 예수님의 복음 운동, 17세기 북미 대륙에서 일어난 대각성 운동, 그리고 20세기 초에 영국 웨일스 지방에서 일어난 부흥 운동이다. 이 세 종류의 운동은 모두 교권의 중심으로부터 지리적으로

---

6) Paul E. Pierson, *Emerging Streams of Church and Mission*(Thailand: Forum for World Evangelization, 2004), 1.
7) Ibid.

나 정치적으로 멀리 떨어진 변두리 지역에서 일어났다. 또한 안디옥 교회나 프란시스회, 경건주의, 모라비아파, 메소디스트 운동 등이 사회적으로 소외되고 무시당하던 하류 계층의 가난한 사람들 가운데서 일어났다.[8]

선교 역사는 이러한 사람들에 의해 일어난 생명 운동의 기록이다. 그러나 지금까지 라투렛(Kenneth Scott Latourette)의「기독교 확장사」(*A History of Christian Expansion*), 스티븐 닐(Stephen Neill)의「기독교 선교사」(*A History of Christian Mission*)를 비롯한 거의 대부분의 선교 역사책에는 교회 역사에 등장한 주요 인물들, 곧 교회의 지도자들이나 감독들이나 교황들이나 국왕들에 의해 선교사가 파송되는 사건이 기록되어 있다. 그리고 그 선교사에 의해 전개되는 교회 확장과 그에 따른 사건들의 전개 및 지리상의 기독교 세력의 확장에 관한 이야기가 주류를 이루어 왔다. 그런데 이러한 이야기에는, 식민지 사관과 제국주의 사관, 그리고 제국주의의 영토 확장과 식민지 경영에 관한 요소들이 분리될 수 없기에, 그 사상들이 선교 역사 기술에서 피할 수 없이 그대로 묻어 나오고 있다.

그러나 엄밀하게 따져 볼 때 세계 선교의 활동과 사역은, 사실상 이름 없는 평신도들과 사회적으로 가난하고 열등한 하류 계층의 사람들에게 복음이 전파되고 확산됨으로써 나타난 주변 운동이요 갱신 운동이 중심축을 이루면서 발전되어 내려온 것이다. 그러므로 과거사를 바로잡는 일은 선교 역사에서부터 시작해야 한다.

---

8) Ibid.

선교 역사로서의 초대 교회사

약 2,000페이지에 달하는 「초기 기독교 선교」(*Early Christian Mission*)라는 방대한 분량의 대작을 2004년에 출판한 에카르트 J. 슈나벨은, 그의 책 제1장에서 "초대 교회사 자체가 선교 역사"라고 했다.9) 슈나벨은 "나사렛 예수의 인성 곧 메시아적 인자(messianic Son of Man)의 사역이 없었다면 기독교 선교는 없다"고 전제하면서 그의 초대 선교 역사를 전개시키고 있다. 그러므로 그는 "최초의 선교사는 바울이 아니라 베드로"라고 했고 "그 베드로가 만일 학생으로서 3년 동안 주님께 배우지 않았더라면, 그는 결코 오순절 아침에 선교적인 설교('missionary' sermon)를 하지 않았을 것"이라고 주장했다.10)

A.D. 30년 5월 27일 아침, 유대 절기인 오순절 날 120명의 남녀가 예루살렘에 모여, 하나님 나라가 십자가에 못 박혀 죽은 후 부활하신 예수님에 의해 이미 7주 전 이 땅에 도래하였다고 믿었다. 그러므로 성령의 권능을 얻어서 이 소식을 땅 끝까지 전해야만 한다고 그들은 확신하였다.11) 이들은 베드로의 설교에 자기들의 죄를 내어놓고 공적 회개를 하기 시작했고, 약 3천 명이 죄 용서함을 받아들이고 예수를 영접하고, 예수를 메시아로 믿으며 그를 예배하는 새로운 공동체를 형성하였다(행 2:37-41). 그리고 몇 주 안에 이 공동체는 5천 명으로 늘어

---

9) Eckhard J. Schnabel, *Early Christian Mission*(Downers Grove, Ill.: InterVarsity Press, 2004), 3.
10) Ibid.
11) 사도행전 1장 3-15절. Schnabel, 3.

났다(행 4:4).

역사가 타키투스(Tacitus)의 기록에 의하면, "A.D. 64년에 '수많은' 기독교인이 로마의 화재에 대한 혐의를 쓰고 네로에 의해 처형되었다"고 했다(Tacitus, Ann. 15. 44; cf. 1 Clem. 6:4).[12] 본도 비티니아의 총독 플리니는 111-112년에 로마 황제 트라잔에게 "이 지독한 미신 종교의 강력한 확산"에 대해 보고서를 올렸는데, "예수의 십자가 사건으로부터 시작된 이 종교는, 남녀노소 구별 없이 도시와 시골 어디서나 수많은 인파로 염병처럼 퍼져 나가고 있습니다"라고 했다.[13]

역사가 라이케는 A.D. 66년까지 로마 제국 내의 기독교인 수가 약 4만 명일 거라고 했는데, 이는 로마 제국 전체 6천만 인구의 0.07%에 해당한다.[14] A.D. 100년에는 기독교인 수가 32만 명인데, 이것은 로마 제국 전체 인구의 0.5%에 해당한다. 그리고 A.D. 300년에는 5백만 명의 기독교인이 있었다고 추정하는데, 이것은 로마 전체 인구의 8.4%에 해당한다.[15]

최초의 기독교 선교는 갈릴리 지방 어부들에게 시작되었고, 제자들을 부르시는 예수 그리스도의 첫 선교의 메시지는 "내가 너희로 사람을 낚는 어부(fishers of people)가 되게 하리라"(마 4:19; 막 1:17)는 것이었다. 페르디난트 한(Ferdinand Hahn)은 "초대 교회는 선교적 교회였다. 초대 교회의 복음 선포와 가르침과 모든 활동은 모두 선교적 차원이었다. 신약에서는 그들의

---

12) Schnabel, 4. 재인용.
13) Pliny, EP. 10. 96. 8-10.
14) Reicke, 1982, 302.
15) MacMullen, 1984, 32, 135. 여기서는 학자 간의 차이를 보인다. Stark(1977, 6- 7): 630만; Congar(1970, 3): 900만; Hertling(1934, 245-64): 1,500만.

모든 존재와 모든 활동이 선교적 과업에 의해 이끌려졌기 때문에, 특별히 선교 사업이란 개념을 거기서 찾을 필요가 없었다"고 했다.16)

1세기의 팔레스타인 기독교에 대한 기록에서 케자르 비달 만자나레스(Cezar Vidal Manzanares)는, 초기 그리스도인들의 선교에 관한 문헌은 그리 흔하지 않다고 했다.17) 신약에서의 선교18) 특히 바울의 선교19)나 마태, 마가, 누가, 요한복음의 선교학적 개념들20)에 관한 단편적 연구들이 있기는 하나, 신학적인 분석과 연관 지어서 역사적 전개나 지리적 데이터나 주석적 증거를 설명해 주는 종합적인 선교 연구가 거의 없다고 했다.21)

선교 역사를 기술함에 있어서 초기 기독교 선교의 그림은 큰 붓으로 대충대충 그리면서 지나가는 정도였다. 매우 고전적인 학자로 꼽히는 프랭크 트롬블리의 경우도, 그가 쓴 「최신 바울

---

16) Hahn 1972, 95; Pesch 1982, 11.
17) Harnack 1924(ET 1908; 1962); Oepek 1920; E. Meyer 1921-23; Liechtenhan 1946; Lerle 1960; Goppelt 1962; Jantsch 1990; Senior 1984.
18) Hahn 1963(ET 1965); Beifer 1964; Schille 1966; Kasting 1969; M. Green 1970; Hengel 1979, 1983; Kertelge 1982; Legrand 1988(ET 1990); Minnerath 1994; Adna and Kvalbein 2000; Reinbold 2000; Kostenberger and O'Brien 2001.
19) Allen 1977; Grassi 1965; Bussmann 1971; Haas 1971; Bowers 1976; Dahl 1977; Elliger 1987; Buss 1980; Hultgren 1985; Pak 1991; Reck 1991; Riesner 1994; Wander 1994; Ndyabahika 1992; Lietaert Peerbolte 2003.
20) Bosch 1959; Wilk 2002; Cerfaux 1957; Uro 1987; Weaver 1990; Grilli 1992; Tisera 1993; LaGrand 1995; Bottger 1981; Kato 1986; Wilckens 1974; Burchard 1970; S. Wilson 1973; Kee 1990; Stenschke 1999; T. Lane 1996; W. Oehler 1936; Ruiz 1987; Okure 1988; Kostenberger 1998.
21) Schnabel, 5-6.

론」(*New Paul*)에서 초기 기독교의 확장에 대해 기술하면서, "에베소, 고린도, 데살로니가와 같은 지중해 동부에 있는 그리스 도시에 복음이 처음으로 전파될 때, 바울과 같은 선교사들이 처음에는 회당에서 설교하다가 유대인 전도에 성공하지 못한 후, 이방인에게로 향했다"고 했다.[22]

그러나 트롬블리는 예루살렘과 유대와 다메섹과 안디옥(시리아)에서의 초기 기독교 교회의 사정에 대해서는 전혀 알지 못했다. 왜냐하면 가이사랴에서의 베드로의 선교 활동에 대해, 그리고 사도행전 10장과 11장에서 이미 이방인들의 개종이 일어나고 있는 선교 활동과 이방인을 향한 바울의 선교적 결단(갈 1:16, 2:2, 7-9)이, 유대인 선교에 성공하지 못한 동기만은 아니었다는 사실을 이해하지 못했기 때문이다.[23]

한편 머켈바크(Reinhold Merkelbach)는, 바울이 이방인에게 복음을 설교한 최초의 선교사라고 하였다. 이는 안디옥에서 할례 문제로 시끄러울 때 많은 액수의 헌금을 거두어 예루살렘에 올려 보내면서, 바울이 예루살렘의 권위 있는 제자들로부터 '무할례자들에게도 할례자들과 마찬가지로 선교 사역을 할 수 있도록 허락' 받았기 때문이라고 했다.[24]

---

22) F.R. Trombley, "Christentum Ausbreitung," Der *Neue Pauly: EnzykloPadie der Antike*, 2:1158.
23) Schnabel, 7; Reinhold Merkelbach 1997a, 124.
24) Reinhold Merkelbach 1997a, 124.

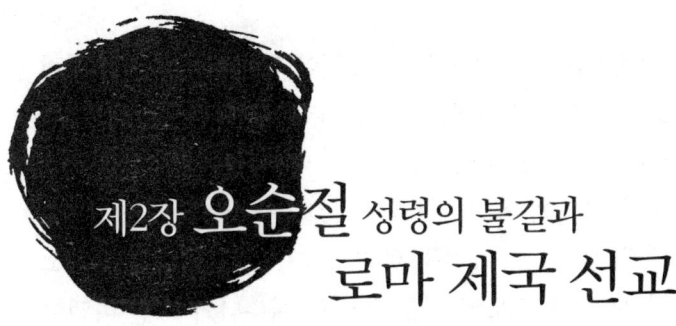

제2장 오순절 성령의 불길과 로마 제국 선교

    십자가에서 죽은 지 사흘 만에 부활하신 예수 그리스도께서 제자들에게 "예루살렘을 떠나지 말고 내게 들은 바 아버지의 약속하신 것을 기다리라"(행 1:4)고 하셨다. 하나님이 약속하신 것이란 구약성경 요엘 2장 23절에서 "이른 비와 늦은 비"라는 은유로 표현된 성령의 강림을 말한다. 이른 비는 오순절 성령 강림이요, 늦은 비는 말세지말에 나타날 성령의 역사를 말한다. 요엘 2장 28-29절에서는 "그 후에 내가 내 신을 만민(혹은 모든 육체)에게 부어 주리니 너희 자녀들이 장래 일을 말할 것이며 너희 늙은이는 꿈을 꾸며 너희 젊은이는 이상을 볼 것이며 그 때에 내가 또 내 신으로 남종과 여종에게 부어 줄 것이며"라고 했다.

    주님은 제자들에게 "이 약속이 곧 이루어질 것인데, 너희들은 이 약속을 굳게 믿고 흩어지지 말고 예루살렘에 모여서 이 약속을 받아라"고 분부하신 후에, "성령이 너희에게 임하시면 너희가 권능(authority: *exousia*)을 받고 예루살렘과 온 유대와 사마리아와 땅 끝까지 이르러 내 증인이 될 것이다" 라고 명령적 성격을 띤 예언을 말씀하셨다(행 1:4-8).

제자들은 이 명령을 지켰다. 그들은 마가의 2층 홀[1])에 모여서 열흘 동안 기도에만 전무하였다. 여기에는 베드로, 요한, 야고보, 안드레, 빌립, 도마, 바돌로매, 마태, 알패오의 아들 야고보, 셀롯인 시몬, 야고보의 아들 유다와 예수님의 모친 마리아와 예수님의 아우들이 있었는데 전체 인원이 약 120명쯤 되었다고 했다(행 1:13-15).

오순절 날에 모인 군중 위에 하늘로부터 급하고 강한 바람 같은 소리가 갑자기 들리고 불의 혀같이 갈라지는 현상이 보이면서, 모든 사람이 다 성령의 충만을 받고 전에 배운 일도 없고 들어보지도 못한 다른 방언을 말하기 시작하였다(행 2:1-4). 이때, 베드로는 그 성령의 불길 한가운데 일어서서, 과연 예수 그리스도의 수제자다운 거룩한 모습으로 복음을 증거하였다. 그리고 그와 함께, 성령 충만하고 뜨겁고도 열정적인 선교의 장이 새로이 열리고 있었다.

베드로

베드로는 벳세다 출신으로 갈릴리 호수에서 고기 잡는 어부로 생계를 유지해 나갔다. 그의 처가는 가버나움에 있었고 당대 매우 부유한 집이었다. 예수님이 그의 장모의 열병을 고쳐 주신

---

1) 한글개역성경에는 "다락"이라고 번역하였으나, 이것은 한글 성경 번역 당시 문화적 상황에서 한옥 구조로는 2층에 해당하는 것이 '다락'밖에 없었기 때문이다. 그러나 다락에 120명이 회집한다는 것은 언어도단이다. 그곳은 오늘날 넓고 큰 2층 홀이다.

후부터는, 예수님의 갈릴리 사역은 주로 베드로의 처갓집 신세를 많이 진 듯했다. 베드로는 타고난 성격도 성격이려니와 제대로 교육을 받지 못한 것이 그의 말과 저돌적인 행동에서 드러나 보이고 있었다. 그러나 이것이 최근의 리더십 연구가들의 눈에는 리더십의 요소 가운데 꼭 필요한 솔선수범의 모델로 부각되고 있다.[2]

게네사렛 마을 앞에서 고기잡이로 밤을 새었으나, 고기 한 마리도 잡지 못한 허탈한 상태에서 기진맥진 지쳐 있는 베드로에게, 날이 밝은 후 예수님이 가까이 다가오셔서 "깊은 데로 가서 그물을 내려 고기를 잡으라"(눅 5:4)고 명령하셨다. 예수님의 그 명령은, 비록 갈릴리 호수에서의 고기잡이 상식에는 전혀 맞지 않는 명령이었지만, 베드로가 예수님의 명령에 순종하자 그물이 찢어질 정도로 고기가 많이 잡혔다. 이 놀라운 기적 앞에서 베드로는 갑자기 벌벌 떨면서 주님의 발 앞에 엎드려 주위에 있는 사람들이 이해할 수 없는 말을 하였다. "주여 나를 떠나소서 나는 죄인이로소이다"(눅 5:8).

이는 예수님을 새롭게 인식했다는 표시(sign)이다. '예수님이 곧 하나님'이라는 직관적인 하나님 인식이 베드로 안에 생겨나게 되었다. 갑자기 구약 백성들이 하나님과 직면했을 때 살아남은 자가 없었다는 생각이 들었다. "주님, 나는 살고 싶어요. 나 좀 살려 주세요" 하면서 부르짖는 베드로의 소리는 처절하고

---

[2] 빌 하이벨스는 그가 30년 동안 준비해서 썼다고 하는 『리더십의 용기』(*Courageous Leadership*)에서 "다윗의 낙천성, 요나단의 포용력, 요셉의 고결함, 여호수아의 단호함, 에스더의 용기, 솔로몬의 지혜, 바울의 열심, 그리고 베드로의 솔선수범"을 리더십의 중요한 요소로 지적하고 있다.

처절했다. 하나님 인식에 민감했던 그가 드디어 오순절 절기 첫날 오전에, 군중 앞에서 일어나 큰소리로 구약 요엘서와 시편을 인용하여 회개를 촉구하는 설교를 했다. 이때 3,000명이 회개했다.3)

사도들의 대표 격인 베드로를 중심으로, 모든 사도가 오순절 성령의 불이 붙은 후부터는 강하고 담대한 마음으로 성령님이 이끄시는 대로 다니며 복음을 선포하였다. 사도들이 선포하는 복음 메시지를 케리그마라고 했는데, 이것은 원고 없이 구전으로 선포하는 것이기 때문에 내용이 매우 단순하고 간단한 것이 특징이다. 그 케리그마의 내용은 "주님이 살아나셨다!(He is risen!)"는 짧은 메시지가 그 핵심이었다.

그들이 가는 곳마다 이 간단한 내용의 케리그마를 전파하는데 거기서 놀라운 기적이 일어났다. 소경이 눈을 뜨고, 벙어리가 말을 하고, 귀머거리가 듣게 되고, 앉은뱅이가 일어나고, 귀신이 쫓겨나고……지금까지 상상할 수 없었던 희한한 기적이 사도들이 복음을 전하는 곳마다 일어났다. 성령님은 진공에서 역사하시지 아니하시고, 성령의 불이 붙은 사람을 통해서 역사하신다. 성령의 불이 붙은 베드로가 최초의 선교의 사명을 감당했다.

사도들과 평신도들

사도들의 선교는 지리적 확장이라는 관점에서 볼 때는 제한

---

3) 이곳을 마가의 다락방이라고 주장하는 학자(Alfred, Knowlling, Hervey, Vincent)와 예루살렘 성전이라고 주장하는 학자(Bengel, F.F. Bruce)가 있다.

이 없었다. 그리고 문화적, 인종적 제한도 없었다. '모든 족속', '땅 끝까지', '모든 사람'이라는 표현이 사도들의 선교 주변에 항상 따라다닌 것을 보아도 이를 알 수 있다.[4]

예루살렘에서 시작된 선교의 역사는 열두 제자로부터 훈련받은 70인 전도대가 각 촌으로 파송되어 복음을 전파하였고, 오순절 성령의 불이 붙은 성도들이 각기 자기 고향으로 돌아가서 자기들의 난 곳 방언으로 복음을 전파하는 것으로 나타났다. 예루살렘 교회에 스데반 집사의 순교와 같은 심한 핍박으로 인해 사도들만 남고 모두 사방으로 흩어졌다. 그리고 베니게, 구브로, 안디옥, 수리아 등 각처에 성령의 불이 붙은 성도들에 의해 산불 번지듯이 복음이 전파되어 나갔으며, 이러한 평신도들의 자발적인 모임에 의해 시작된 최초의 교회가 수리아의 안디옥 교회였다. 이러한 성령의 불길이, 다메섹 도상에서 교회의 박해자 바울에게 옮겨 붙게 되었고, 바울에 의해 마게도니아와 이탈리아, 스페인까지 유럽 선교의 불길이 타오르게 되었다. 이 때 사도들의 선교는 철두철미하게 성령님의 인도 아래 계획되고 진행되는 선교로서, 사도행전 1장 8절 그대로 성취되었다.

미국 풀러신학교 선교대학원 설립자 겸 원장이었던 도널드 맥가브런(Donald A. McGavran) 박사는 사도행전 1장 8절의 "예루살렘과 온 유대"를 M-1 선교, "사마리아"를 M-2 선교, "땅 끝까지"를 M-3 선교라고 했다. 그런데 M-1, M-2, M-3의 관계는 동심원의 관계이다.[5]

---

4) 요엘 2장 28-32절.
5) 마태복음 28장 16-20절, 사도행전 1장 8절.

사도들의 선교 방법

선포 전도

예나 지금이나, 서양이나 동양이나, 그리고 언제 어디서나 복음 선교의 가장 기본이고 가장 표준이며 최고의 방법은 선포 전도이다. 정보화 시대, 컴퓨터 시대, 최첨단 과학 문명의 시대가 되었다 해서 죄인의 영혼 상태가 달라지는 것은 아니다. 죄인의 강퍅한 심령을 깨뜨리는 방법은 복음 선포가 가장 우선시 되어야 할 방법이다. 예수님도 전도하실 때 선포의 방법을 쓰셨다(막 1:15, 16:20). 오순절 성령 강림 때 베드로도 이 방법으로 첫날에는 3,000명을 회개시켰고, 그 후에는 5,000명을 회개로 이끌었다. D.L. 무디, 빌리 그레이엄도 이 방법으로 전도했다.

순회 전도

예수님이 갈릴리 여러 마을에 복음을 전하실 때 이 방법으로 하셨고, 사도 바울도 1차-3차 선교 때 이 방법으로 복음을 전했다. 이를 통해 구원 받지 못한 사람을 예수 그리스도께로 인도하고, 믿는 자들을 방문해서는 더욱 필요한 교훈과 격려와 위로를 주는 것이다. 순회 전도라 해서 무작정 아무 곳으로 다니는 것이 아니라 예루살렘, 가버나움, 안디옥, 에베소와 같은 대도시의 인구가 밀집되어 있고 교통이 편리한 전략적 요충지를 중심으로 한 전도 전략이다. 이러한 곳에는 선교 활동의 본부가 필요했고 예수님과 바울은 이를 잘 활용하였다.

회당 중심의 전도

유대인들은 포로 생활에서 해방된 후에도, 세계 각처에 흩어져 살면서 열 가정 이상 모여 사는 지방에서는 반드시 회당을 건립하였다. 그리고 이 회당을 중심으로 하여 자녀들의 교육뿐 아니라, 민족 정신 교육과 히브리 문화 전승의 중심 기지로 삼았다. 또한 안식일이 되면 모든 유대인들은 이 회당에 모여 여호와 하나님께 예배하는데, 바울은 이 모임을 복음 선교의 절호의 기회로 삼았다. 유대인들의 회당 예배는 그 순서를 소수의 지도자가 독점하는 것이 아니라, 모든 회중이 참여할 수 있도록 모든 순서의 기회가 모든 사람에게 열려 있다.

바울 역시 이러한 회당 예배 제도를 최대한 이용하여 성경책을 읽을 때나 성경 말씀의 강론 기회에 자발적으로 나서서 그의 해박한 지식을 총동원하여 가는 곳마다 청중을 감탄케 하고 그들의 마음을 압도적으로 사로잡았다. 그런 후에 결론에서는, 항상 예수 그리스도의 십자가 사건을 연결시키고 부활하신 그리스도를 힘 있게 전파했다. 그럴 때마다, 그의 강론 지식과 경륜에 감탄하고 찬사를 보냈던 청중이 중심이 되어 초대 교회가 시작되었다. 반면에, 유대인들이 십자가에 못 박아 죽인 예수 그리스도가 죽은 지 3일 만에 부활하였고, 그가 구약에 명시되어 있으며 이스라엘이 기다리던 메시아라고 했을 때는, "저놈에게 속았다. 저놈은 죽여야 한다"고 고함지르며 미쳐 날뛰는 폭도로 변해 버리는 것이었다.

그런데 이상하게도 성령께서는 바울이 가는 곳마다 미리 예비하신 믿는 자들의 보호와 도움을 받게 하셨는데, 이러한 장면들은 우리에게 놀라운 긴장과 신비를 가져다 준다.

앞에서 회당 예배에 참석했던 사람 중에서 믿는 자들이 중심이 되어 그 지역에 새로운 교회가 설립되었다고 했다. 이러한 회당 전도에 대한 랄프 윈터의 유명한 논문 《하나님의 구속사적 선교의 두 구조》의 내용 중 초대 교회 설립과 선교를 이해하는 데 도움이 되는 일부를 여기 잠깐 인용하기로 한다.[6]

"바울의 선교 사역은 첫 단계를 먼저 로마 제국을 가로지르면서 여기저기 흩어져 있는 회당들로부터 이루어져 왔다. 즉 소아시아(지금의 터키)로 시작하여, 이방 지역에서 예수 그리스도를 메시아로 믿는 유대계 신자와 이방인 신자들을 얻는 데는 이 회당들이 큰 역할을 하였다."[7]

일대일 전도

복음 전파에 있어 예수님은 일대일 전도의 방법을 즐겨 사용하셨다. 요한복음 3장에서 니고데모와의 대화, 요한복음 4장에서는 수가 성 우물가 여인과의 대화, 누가복음 19장에서 삭개

---

6) Ralph D. Winter, "The Two Structures of God's Redemptive Mission", in *Perspectives on the World Christian Movement: A Reader*(Pasadena: William Carey Library, 1981), 179.
7) "Paul's missionary work considered primarily of going to synagogues scattered across the Roman Empire, beginning in Asia Minor, and making clear to the Jewish and Gentile believers in those synagogues that the Messiah had come in Jesus Christ, the Son of God; that in Christ a final authority even greater than Moses existed; and that this made possible the winning of the Gentiles without forcing upon them any literal cultural adaptation to the ritual provisions of the Mosaic Law."

오와의 대화 등이 일대일 전도법이다. 일대일 전도는 사도 시대에도 가장 널리 사용된 보편적 선교 방법이며 21세기에는 상담 선교라 해서 더욱 기대되는 방법이다.

문서 전도

사람의 기억에는 한도가 있다. 구두로 그리스도 사건을 전파하는 방법은 해를 거듭할수록 기억이 희미해지고, 또 직접적인 목격자가 하나, 둘 세상을 떠나감에 따라 이를 문서화할 필요성이 생겨나게 되었다. 그러므로 신약성경의 형성은 이러한 문서 전도의 맥락에서 이루어진 것을 알 수 있다. 또한 바울 서신을 비롯한 서신서들은, 각지에 흩어져 있는 교회와 성도들에게 보내어 그들을 위로하고 격려하여 신앙을 성장시키며, 선교에 더욱 정진하도록 함이 그 목적이었다.

사도 시대 선교의 발전

지리적 확장

오순절 날 예루살렘에 모인 사람들에게 성령의 폭발적인 역사가 일어나자, 각기 자기들의 난 곳 방언으로 베드로의 설교가 들렸는데, 이들이 사용하던 방언 분포를 보면(행 2:9-11) 16개 지방 방언으로 되어 있다. 이 지역들은 오늘날 중동, 아라비아, 이집트, 터키, 유럽의 각 지역에 해당한다. 구브로의 바나바(행 4:36), 안디옥의 니골라(행 6:5), 에디오피아의 내시(행 8:27), 다메섹의 아나니아(행 9:2, 10) 등으로 보아, 이때 복음은 이미 로마 국경을 넘어 상당히 먼 곳까지 확산되고 있음을 알 수 있다.

사도들의 선교 활동을 지역으로 구분해 보면 유대에서는 베드로, 사마리아에서는 빌립, 이방 여러 곳에서는 바울과 같은 방식으로 패턴화할 수 있다. 바울은 그 후 로마와 스페인까지 선교의 영향을 파급했다(롬 15:24). "바울을 싣고 로마로 간 배는 바울의 몸만 로마로 옮겨다 놓은 것이 아니라, 유럽의 역사를 실어다 놓은 것이다"라고 말한 마르틴 디벨리우스(Martin Dibelius)의 말이 매우 인상 깊다.

잘 닦여진 로마의 국도(Roman roads)가 정치, 경제, 군사, 문화적으로 중요한 역할을 하고 있을 때, 이 길은 또한 복음을 실어 나르는 하나님 나라행 하이웨이 역할도 잘 감당하고 있었다. 복음은 1차적으로는 로마의 대도시인 로마, 안디옥, 에베소, 알렉산드리아로 전파되었고, 2차적으로 소아시아의 시골 지역까지 깊숙이 전파되었다. 이때 복음은 이미 소아시아, 그리스, 마게도니아, 이탈리아, 스페인, 인도, 북아프리카, 아르메니아 지역까지 널리 확장되었다.

그리스도인의 수적 증가

선교에는 지리적 확장과 함께 그 곳의 그리스도인의 숫자가 얼마나 증가하였는가가 매우 중요하다. 사도행전 2장 41절에 의하면 오순절 날에 3,000명이 회개하였고 4장 4절에서는

5,000명이 더 증가한 기록이 있다.

하르낙(A. von Harnack)은 250년경 로마 제국 내에 약 3만 명의 그리스도인이 있었다고 주장한다. 313년경에는 로마 제국의 총인구 5천만 가운데 약 500만 명의 그리스도인이 있었다는 것이 거의 모든 학자들의 공통적인 학설이다. 50년 만에 약 200배의 수적 증가를 가져왔으며, 제국 전체 인구로 볼 때 이는 불과 10%의 소수에 해당하는 그리스도인이었지만, 이들이 마침내 로마 제국을 기독교 국가로 만들어버렸던 것이다. 그런데 수적 증가보다 더 중요한 것은 그리스도인의 신분이었다. 그들은 대개 노예, 군인, 평민, 상인들이었고 그중에는 저스틴 마터 같은 학자나 왕후, 왕족들도 있었다.

그리스도인의 질적 상태

초대 교회 선교에 의한 회심자들의 질적 상태가 어떠하였는가 하는 것이, 초대 교회 선교를 평가하는 데 매우 중요하다. 이들은 성령님의 인도에 의해 기적을 체험하며 영적인 신령한 진리를 배우고 열심으로 기도하며 희생적인 봉사를 했으나, 한편으로는 윤리적 실수와 교리적 오류 그리고 성도 간의 불화 등으로 바울파, 게바파, 아볼로파, 그리스도파 같은 교회 내 파벌이 일어나기도 하였다. 그리고 선교지 교회 내부에 거짓 교사와 참 교사가 섞여 있기도 했으며, 참된 교인과 거짓 교인이 함께 있음도 볼 수 있다.

따라서 현대의 우리는 초대 교회로 돌아가자면서 초대 교회 향수에 젖을 때가 많은데, 초대 교회를 있는 그대로의 상태로 바르게 이해할 필요가 있다. 그럼에도 불구하고 우리가 초대 교회로 돌아가자 함은, 이미 언급된 바와 같이 초대 교회가 흠이 없는 이상적인 교회라서가 아니라, 초대 교회를 이끌어 가고 있는 교회의 리더십이 성령의 힘에 의해 행사되었고, 교회의 방향이 선교 지향적이라는 점 때문이라고 할 수 있다.

문화적 요인들

최초의 그리스도인들은 아람어를 상용어로 쓰고 있는 팔레스타인 지역에 사는 유대인들이었으나, 그 후 복음 전파의 주도권은 헬라어를 상용어로 쓰는 헬라파 유대인들이었다(행 4:36, 6:1). 이후 복음은 사마리아 문화권 속으로 전파(행 8:4)되었으며, 아프리카 문화권(행 8:26-27)과 시리아 안디옥이라는 아랍 문화권에 있는 이방인(행 11:19)에게 전파되었다. 그리고 로마 제국 도처에 퍼져 있는 디아스포라 및 시리아어 사용 지역과 라틴 문화권 및 심지어는 슬라브어 문화권까지 전파되어 많은 그리스도인들을 얻고 있었다.

기독교가 이렇게 넓은 지역, 다양한 계층, 다양한 문화권 속으로 빠른 속도로 확산될 수 있었던 원인은, 이미 300년 전부터 알렉산더 대제에 의해 인도까지 정복이 이루어졌기 때문이다. 동시에 그 모든 정복지에 헬라어를 보급시켜서 그것을 무역 및 공식 행정 용어로 쓰게 했기 때문에, 로마 시대 모든 변방 피지배 민족들 간에도 이미 헬라어는 공용어로 쓰기에 조금도 불편함이 없었다. 따라서 복음은 바로 이 헬라어로 기록되었고, 복음 전파자들의 모든 선교 활동이 헬라어로 이루어졌기 때문에, 그렇게 빠른 속도로 전파되었던 것이다.

그리스도께서 탄생하신 이후 약 300년간은 전쟁이 없는 대평화의 시기(Pax Romana)였으며, 당시 세계에서 가장 훌륭한 도로망을 타고 복음 전도자들이 자유롭게 왕래할 수 있었던 것도 이 시기에 복음이 빠르게 확산된 중요한 요인이었다. 그리고 외국에 흩어져 있던 유대인들(diasporas)도 복음 전파에 기여하였다. 또한 A.D. 64년부터 가해진 2세기간의 혹심한 박해도 로마 제국에서 복음이 확장되는 데 크게 기여한 요인이 되었다. 게다가 로마 제국의 전성기에는 타락한 세속 문화와 다신교에 환멸을 느낀 많은 이교도들이 그리스도교의 참신한 이미지에 매력을 느끼고 개종하는 자가 많았다.

갱신 운동과 역전

한곳에 오래 고여 있는 물은 썩기 쉽다. 기독교도 항상 스스로 새롭게 갱신해 보려는 노력 없이는 부패하고 타락하게 된다. 교회는 항상 개혁되어 나가야 한다.

초대 교회에서는 몬타니즘 운동(The Movement of Montanism)이 교회 갱신을 위해 일어났으나 성공적이지는 못했다. 그 후에 그리스 철학의 영향을 받은 영지주의나 아리아니즘 운동 같은, 영적으로 치우친 이단적 상황화 운동(Movement of Contextualization)이 있었다. 그리고 3세기 초에는 애굽에서부터 수도원 운동(monasticism)이 일어났다. 몬타니즘 운동과 영지주의는 기독교 선교에 영향이 적지 아니하므로, 여기서 좀더 자세히 논의하려고 한다.

주요 구조 및 영적 역동성

몬타니즘 운동

이 운동은 처음에는 교회 갱신을 위한 동기에서 시작되었으나, 교회사적으로는 이단으로 정죄되고 말았다. 이 운동은 2세기 중엽에 프리지아(Phrygia) 지방의 평신도였던 몬타누스(Montanus)에 의해 시작된, 신비주의적이고 종말론적인 교회 개혁 운동이었다.

몬타누스의 주장은 ① 재림의 임박성, ② 성도의 엄격한 금욕 생활과 청교도적 윤리 생활 강조, ③ 예언과 방언 등의 영적 은사 강조, ④ 세상과 기성 교회에 대한 부정적인 판단, ⑤ 순교에 대한 지나친 고무와 찬양 등이 주된 특징이었다.

그러나 시대 상황은 몬타누스가 기대하고 주장했던 대로 나타나지는 않았다. 많은 성도들이 기다렸던 재림은 일어나지 않았고, 성령의 은혜는 감소해가자, 성도들의 열기도 식어갔다. 몬타누스는, 예수 그리스도께서 승천 전에 제자들에게 약속하셨던 보혜사 성령이 몬타누스 자신에게 임했다고 주장했다. 유세비우스는 "몬타누스가 황홀경에 빠져 이상한 소리로 중얼거리며, 지금까지 교회에서 보통 해오는 것과 다른 모양으로 예언도 하고 영적으로 심취해 있었다"고 했다.[8]

또 터툴리안은 몬타누스를 따르는 자들의 신비주의적 행동

---

8) Eusebius, *Ecclesiastical History*, 5, 16, 9.(참조. 한국에서도 초대 교회 부흥사 중 이용도와 같은 부흥사는 황홀경에 빠져서 기도했으며, 설교할 때 수많은 군중이 열광했다고 한다.)

에 대해, 어떤 자매는 계시의 은사를 받았다 하여 천사들과 이야기도 하고 때로는 주님과 직접 이야기했다고 기록하고 있다.9) 그들은 요한계시록에 언급된 새 예루살렘이 페푸자(Pepuza)와 티미움(Tymium)이라는 자기들이 사는 고장에 세워지는데, 그 곳에 들어와야 구원을 얻게 된다고 사람들을 선동했다.10) 몬타니스트들이 기성 교회에는 이미 성령의 은사가 떠났다고 주장하는 이유는, 교회의 세속화와 도덕 생활에서 타락상이 비쳐졌기 때문이다. 그래서 그들은 엄격한 금욕 생활과 재혼의 금지 및 엄격한 참회와 박해를 피하지 말 것과, 가정과 남편을 버리고 자기들의 새 예루살렘인 페푸자와 티미움에 모이도록 권했다.11)

그 후 몬타누스는 드디어 교주로서의 자신을 성부 하나님과 동일시하였다. "나는 전능한 하나님이다. 나는 천사도 아니고 대사도 아니며 나는 바로 성부 하나님이다"라고 선언했다.12) 몬타누스의 추종자 중 브리스길라(Priscilla)는, "그리스도가 나에게 화려한 옷을 입은 여인으로 나타나서 지혜를 전하시며, 이곳 페푸자가 거룩한 곳이며 이곳에 하늘로부터 새 예루살렘이 내려올 것이다"라고 했다.13) 또 막시밀라(Maximilla)는 "내가 마지막 예언자이고 내 뒤에는 더 이상 예언이 없고 곧 종말이 온다"고 했다.14) 그리고 히폴리투스(Hippolytus)는 "저들은 이

---

9) Tertullian, *On the Soul*, 9, 4.
10) Eusebius, *Ecclesiastical History*, 5, 18, 2.
11) Eusebius, 5, 18, 2-4.(참조. 한국에서도 박태선 장로의 전도관 운동이 이와 비슷한 메시지로 성도들을 모아서 제1신앙촌, 제2신앙촌 등의 집단촌을 형성했다.)
12) Eusebius, *Against Eighty Heresies*, 48, 11, 1.
13) Epiphanius, 49, 1, 1.
14) Ibid.

두 여인을 사도들보다 더 높이 과장해서 말하며……어떤 이들은 이 두 여인들이 그리스도보다 더 우월한 점이 있다"고 했다.15)

영지주의

초대 교회의 영지주의(Gnosticism)에는 여러 다양한 계보가 있었는데 시리아적, 이단적, 그리고 유대적 영지주의가 그것이다. 하르낙은 "기독교가 극도로 헬라화한 것을 기독교 영지주의"16)라고 했다. 영지주의는 유대 사상, 그리스 사상, 동양 사상의 혼합인데 철학, 신화, 마술과 오늘날의 뉴에이지 사상도 그 뿌리는 영지주의 사상인 것이다. 이 시기에 예루살렘 교회는 회중 구조(congregational structure)의 대표 격이고, 안디옥 교회는 선교 중심 구조(mission-oriented structure)의 모델이다.17)

이 시기에 선교 역사상 위대한 기초를 쌓은 것은 바울을 중심으로 한 선교 구조(mission structure: sodality), 즉 바울, 실라,

---

15) Hippolytus, *Refutation of All Heresies*, 8, 19, 2.(참조. 저자는 미국 로스앤젤레스에 있을 때, 미국장로교(P.C. USA) 교단에 속해 있던 어떤 한인 교회에서 담임목사가 주일 예배 때 흰옷 입은 두 여인을 강대상에 세워 예언하게 한 일로 사임한 후 그 교회에서 임시로 강단 설교를 한 바 있다.)
16) 김명혁, 「역사 신학 및 선교 신학 연구」(서울: 총신대학교출판부, 1979), 39.
17) Ibid. 랄프 윈터에 의하면, 하나님이 세계 선교를 위해 사용해 오신 두 가지 구조가 있는데, 'Sodality'(成形的 구조-필자 역)와 'Modality'(定型的 구조-필자 역)라고 했다. 전자를 폴 피어슨(Paul E. Pierson) 박사는 'Mission Structure'라고 했고, 하워드 스나이더(Howard Snyder)는 'Para-Church Structure'(방계적 교회 구조), 멜리스(Charles J. Mellis)는 'Committed Communities'(헌신된 공동체)라고 했으나, 필자는 '사명 중심 구조'(Mission-Oriented Structure)라고 한다. 후자를 피어슨은 '회중 구조'(Congregational Structure), 스나이더는 '교회 구조'(Church Structure), 멜리스는 '양육 공동체'(Nurturing Communities)라고 하나, 필자는 '체제 중심 구조'(System-Oriented Structure)라고 한다.

누가, 마가, 요한 등의 선교단(missionary bands)의 활약 때문이었다. 바울과 그 일행은, 로마 지역의 주요 도시와 소아시아 지역의 전략적 요충지를 방문하여 교회를 세우고, 일정 기간 그들을 양육했다. 이때 세워진 교회가 그 지역의 전도를 담당했고 곧 교회 중심의 선교가 이루어졌는데, 맥가브런과 피터 와그너는 이를 'E-1전도(E-1 Evangelism)'라고 불렀다.18)

그때는 거의 모든 그리스도인들이 선교의 열정을 가지고 가는 곳마다 복음을 전해서 새로운 교회를 세웠다. 이 시기의 선교사들은 오늘날의 선교사들이 어느 일정한 지역에 머물러 선교하는 것과는 달리, 계속 여행하면서 선교하는 자들(itinerary missionaries)이 대부분이었다. 이것은 당시 선교 활동 지역이 선교사의 숫자에 비해 너무 넓고, 할 일이 사방에 너무 많아서 이리저리 뛰어다니면서 일해야 하는 상황이었기 때문이다. 그리고 다른 하나는 혹심한 박해를 피해가며 복음을 전해야만 했기 때문이다. 선교의 역사는 고난의 역사요, 순교의 역사다.

그러나 초대 교회는 혹심한 박해의 위협이 오히려 교회를 정화시켰다. 초대 교회의 혹심한 박해가 쭉정이는 날려 버리고 알곡만 모아 놓은 순수 교회로 정비하는 데 지름길이 되었던 것이다. 이 박해로 인해 단결되고 뭉쳐진 교회가 더욱 힘 있게 복

---

18) 맥가브런 박사는 '선교'(mission)란 말 대신에 '교회 성장'(Church growth)이라는 신조어를 사용했다. 그는 교회 성장을 E-0성장, E-1성장, E-2성장, E-3성장으로 나누어 설명하고 있다. E-0성장은 개교회의 회중이 숫자상으로는 성장이 없으나(제로 성장) 영적, 질적 성장이 이루어진 것을 말하며, 이것을 내적 성장이라고도 한다. E-1성장은 회중의 외형 숫자가 증가한 것으로서 팽창 성장이라고도 한다. E-2성장은 동일 문화권 내에 있는 원거리에 지교회를 세워서 인적, 물적 지원을 하는 것으로서 확대 성장이라고 하며, 이때 본래의 교회를 모교회라고 하고 새로 생긴 교회를 자녀 교회라고 한다. E-3성장은 타 문화권에 선교사를 보내어 교회를 개척하는 것으로서 맥가브런은 이를 가교 성장(bridge growth)이라고 불렀다.

음을 전했기 때문에, 결과적으로 선교에 더욱 큰 진전을 보게 되었다. "폭풍우 몰아치고 큰 풍랑이 일어날 때 이 풍랑 인연하여서 배는 더 빨리 갑니다"라고 하는 찬송시처럼(찬송가 503장 참고), 초대 교회 성도들의 순교의 피 위에 교회는 더 힘 있게 성장해 나갔다. 혹심한 박해를 피해 수도원으로 찾아간 성도들은 그 곳에서 더욱 기도하고 영적 훈련을 쌓으며 학문 연구에 정진했기 때문에, 이러한 영적 흐름은 다음에 일어나는 종교 개혁의 샘으로 흘러들어 지하수 역할을 했던 것이다.

콘스탄틴 대제(274-337)는, 제국을 더욱 확장하고 수도를 비잔틴으로 옮기고 자기의 이름을 따서 콘스탄티노플이라 하였으며, 어머니의 전도로 황제 자신이 기독교인으로 개종했다. 그는 A.D. 313년에 기독교를 공인하고 그의 죽음 직전에 세례를 받았다. 그때까지 순수하고 박해 아래 있던 기독교가 국교가 된 후부터는 갑자기 비기독교 종교인들에 대해 박해를 가하는 정반대의 현상이 일어났다. 정치적, 경제적으로 냉대와 푸대접을 받아 오던 기독교가 갑자기 정치적 특권과 경제적 부를 누리는 위치로 부상하면서, 차츰 기독교는 초기의 그 순수했던 종교성을 잃어가기 시작했다.

초기의 기독교인들이 개종에 대해서 지불했던 값비싼 대가 대신 값싼 은혜가 부패하고 타락해 가는 로마의 세속 사회의 탁류와 합류하면서 기독 교회도 함께 떠내려가고 있었다. 이때 자기도 모르는 사이에 태어나면서부터 기독교인이 되어 살다가, 자기도 모르는 사이에 관 속에 누워 기독교인으로 장례를 치르는 로마인이 부지기수였다. 이것이 국교(*Corpus Christianum*)가 되어 버린 로마의 기독교였다.

순교의 값진 피와 맞바꾸면서 얻었던 초대 기독교인들의 그 순수한 신앙은, 국교화되어 버린 로마에서는 찾아볼 수 없게 되었다. 대신 로마인들의 세속적 가치들이 교회 속으로 들어와 교회도 차츰 세속화되기 시작했다. 교회는 점점 정치적 중요성을 증가시켜 나가기 시작했다. 그리고 신앙적 논리 대신에 정치적, 세속적 논리가 교회를 지배하기 시작했다.

 성경적 진리와 그것의 개인적인 적용을 모르는 것은 물론, 기독 교회 내에서 이러한 세속적 가치관 때문에 대립과 분열이 잦았다. 이러한 경향에도 불구하고 선교의 영인 성령께서는 교회 내에서 선교의 사역을 쉬지 않고 계셨다.

 울필라스(Ulfilas, 341-381)는 341년에 고트족(Goths)에게 가서 복음을 전하면서 성경을 고트어로 번역해 주었고, 프랭크족의 왕(the King of Frank)은 496년에 울필라스로부터 세례를 받고 기독교인이 되었다. 그리고 패트릭(Patrick, 389-461)은 영국의 서남부 웨일스 지방에서부터 아일랜드로 가서 아일랜드를 복음화시키는 데 큰 공헌을 하였고(432), 패트릭에 의해 점화된 켈틱 선교가 유럽을 복음화시키는 원동력이 되었다. 켈틱 선교 운동에 대해서는 다음 장에서 더 자세히 살펴 보기로 한다.

중심 인물

바울과 바나바

 다메섹 도상에서 주님을 만난 후 역사상 위대한 사역을 감당하게 된 바울의 생애는, 그가 그리스도인으로 거듭나는 사건부터 시작해서 매우 드라마틱한 사건의 연속이었다. 그의 고향 다소에서 한동안 머물고 있는 바울에게 찾아가, 삼고초려의 예를 갖추어 안디옥 교회로 초대한 것은 안디옥 교회의 목회자 바나바였다.

바나바는 구브로 출신으로 성격이 매우 원만하였다. 뿐만 아니라 성령이 충만하고 매우 착해서 예루살렘 교회 교인들의 칭찬이 자자하였다(행 11:24). 그는 교회를 섬기는 헌신과 열심 또한 모든 사람의 모범이었다. 그는 전 재산을 팔아서 예루살렘 교회에 바치기도 하였다.

오순절 사건 때, 성령 충만을 받은 수많은 평신도들이 스데반 집사의 순교와 예루살렘 교회에 불어 닥친 박해의 바람 때문에 사방으로 흩어지면서, 각기 자기 고향이나 연고지로 가서 전도하여 각 지역마다 교회를 세우기 시작하였다. 시리아 지역의 안디옥에도 이렇게 평신도들에 의해 교회가 세워지게 되었고, 그 교회가 매우 급성장하여 목회를 전담할 목회자가 있어야 할 필요성을 예루살렘 교회에 청원하였다. 이러한 안디옥 교회의 요청에 의해 예루살렘 교회에서는 바나바를 목회자로 파송하였다. 이때 안디옥 교회에 회집되었던 회중의 수가 어느 정도인지 알 수 없지만, 아마 수백 명이 모이는 교회가 아니었을까 추측된다.[19]

---

19) 필자는 1992년 1월에 미국 대학의 교수 팀들의 바울 선교지 및 밧모 섬 답사 여행에 동참하게 되었다. 그때 안디옥에서부터 밧모 섬까지 여행하는 중에 안디옥 교회 교인들의 예배 처소를 눈여겨보았다. 그곳은 약 250명 내지 300명이 예배할 수 있는 공간이라 생각되었다. 박해 시대라 마치 한국 교회 초창기 부흥회 때처럼 앉는다면 그보다 더 많은 사람이 앉을 수도 있을 것이라는 생각이 들었다.

안디옥 교회의 지도자가 된 바나바는, 급성장해 가는 교회의 사역에 동역할 동역자를 청빙하기 위해 다소의 바울을 찾아갔다. 바울은 과거에는 교회의 박해자로 악명이 높았으나, 다메섹의 극적 사건에서 불가항력적으로 쏟아부어 주시는 은혜를 거부할 수 없어 그리스도인이 되었지만, 아직은 초신자에 불과했다. 바울은 불원천리하고 다소까지 찾아와 동역해 주기를 간청하는 바나바의 지도력에 감동하여 바나바와 합류했다. 바울을 초청해서 함께 동역, 동사할 때 안디옥 교회는 더욱 빠른 속도로 힘차고 건강하게 성장했다.

드디어 성령께서 안디옥 교회를 향해서 담임목사인 바나바와 성경 교사인 바울을 선교사로 파송하라고 명하신다. 바나바는 모든 기득권과 지위와 명예까지도 다 내어놓고 안디옥 교회가 파송하는 선교사가 되어서 바울과 함께 '성령님이 인도하시는' 곳으로 정처 없이 선교 여행을 떠나게 되었다.

바울의 성격은 그리 원만한 편은 못 되었던 것 같다. 때에 따라서는 까다롭고 괴팍스러운 점도 있었다. 이러한 바울의 비위를 이리저리 맞추어 가면서 함께 선교 여행을 다니자니 바나바는 아마도 속 썩는 일이 한두 번이 아니었을 것이다. 교회에서 바나바의 위치는 당회장이고 바울은 평신도 교사에 불과했지만, 선교 현장에 나갔을 때는 바울의 은사가 더 중요했음을 느낀 바나바는 이 선교단의 주도권을 바울에게 양보했다. 구약성경을 아는 지식뿐 아니라, 헬라어를 구사하는 데나 히브리어를 말하고 성경을 해석하고 《탈무드》의 유대 전통과 문화를 이해하며 타인에게 설명하고 설득하는 논리적 전개나 변증에 있어, 바울은 탁월한 재능을 발휘했다. 지도자는 정확한 때를 바로 깨닫고 물러나야 할 때가 되면 미련 없이 물러날 줄 아는 자가 바른 지도자요 훌륭한 지도자이다. 바나바 역시 선교 역사의 한 페이지에 아름답게 기록되어야 할 훌륭한 지도자였다.

바울은 북쪽으로는 타우루스 산맥과 동쪽으로는 아마누스 산맥, 그리고 남쪽으로는 지중해를 끼고 있는 다소에서 태어났고, 어린 시절 그곳에서 성장했다. 다소는 당시 동서 무역로의 목젖과 같은 요충지에 위치하면서 헬레니즘 문명의 찬란한 꽃을 피우고 있던 로마 제국의 대도시 중의 하나였다. 이곳에서 헬레니즘 문명의 영향을 받으면서도 철저한 히브리 정신에 입각한 바리새인 교육을 받았다. 13살 때부터 그는 예루살렘에 보내어져서 당시 최고의 명문으로 알려진 가말리엘의 문하생이 되었다. 그는 어렸을 때부터 지적, 영적으로 명석하고도 예리한 면을 보여 주었다.

그리스도인이 된 후 바울은 자신을 이방인을 위해 하나님이 불러 주신 사도로 자인하였다. "내가 이방인들에게 빚진 자라"고 하면서 그의 남은 생애를 이 빚 청산을 위해 자기 생명을 걸었던 것이다.[20]

그리스도인은 누구나 다 예외 없이 이 빚을 지고 있는 것이다. 그러므로 그리스도인은 누구나 주님 앞에 갔을 때 이 빚을 얼마나 갚고 왔느냐는 질문을 재판장 되시는 주님으로부터 받게 될 것이다. 재판장 되시는 주님의 그 질문에 떳떳이 내놓을 수 있는 알찬 보고서를 매일매일 기록하면서 살아가는 그리스도인이 되어야 할 것이다.

---

20) 로마서 1장 14절.

바울 선교에 대해 한 가지 꼭 언급하고 넘어가고 싶은 것이 있다. 바울은 선교 활동을 기동성 있게, 그리고 보다 효과적으로 신속히 이행하기 위해서 어떤 조직이나 개인에게도 의존하지 않고 독립적으로 일했다는 사실이다. 즉 그가 선교를 효과적으로 수행해 나가기 위해 선교 구조(sodality)를 활용했지만, 그가 선교 교회를 설립할 때는 항상 모교회와 연결 가지게 했으니, 그는 교회와 더불어 선교를 시작했으나 교회에 부담을 주지 않았다. 즉 그가 선교를 교회에 의존하지 않았다는 측면에서 바울 선교의 독특성을 강조하고 싶다.[21]

울필라스

다뉴브 강 북쪽의 고트족에게 복음을 전하고 성경을 그들의 말로 번역해서 전해 준 선교사 울필라스(Ulfilas, A.D. 341-381)는 그 이름이 '작은 여우'를 뜻한다. 울필라스는 20살 때 고트족의 왕 알라리크(Alaric)를 따라 왕의 수행 사절로 콘스탄티노플에 갔다가 거기서 약 10년간 체류하였다. 그는 그 기간 중 그곳에서 기독교 문물을 배우고 기독교에 관한 문헌들을 연구해서 기독교에 대한 대학자가 되었을 뿐 아니라, 고트족에게 다시 돌아왔을 때는 훌륭한 선교사가 되었다.

당시 고트족은 그들의 고유한 글자가 없었다. 그래서 울필라스는 그들의 글자를 먼저 만들어 주었다. 그는 이 글자로 성경

---

21) Paul E. Pierson, "The Historical Development of the World Missionary Movement", in Fuller Theological Seminary, MH520 Syllabus Course Work 1981년 강의안 참고.

을 번역했는데, 이 성경에서 사무엘상하와 열왕기상하를 제외시켜 버렸다. 그 이유는 고트족의 성질이 너무 호전적이기 때문에 전쟁 이야기가 주류를 이루는 이 네 편의 이야기를 읽고 고트족의 호전성이 부추김을 받지 않을까 하는 염려에서였다. 이 울필라스역 성경은, 튜턴(Teuton)어로 전해지는 현존 성경 중 가장 오래된 것이며, 이 역본 중 복음서의 반 이상이 스웨덴의 웁살라대학교에 보관되어 있다. 그런데 이 성경은 보랏빛 바탕 위에 은빛 나게 기록되어 있기에 '은빛 성경'(silver Bible)이라고도 부른다.

마르틴

오늘날 프랑스 지역인 골(Gaul) 지방의 개척 선교사였던 마르틴(Martin, 316-396)은, 프랑크(Frank) 및 다른 북방 부족들이 침입했을 당시, 투르(Tours)의 감독으로 있었다. 이 지방은 일찍이 켈틱어를 사용하는 이레니우스가 있었던 지방이다. 군인인 마르틴은 복음 전도에 있어서도 군대식 방법을 사용하였다. 마르틴은 투르에 선교 본부를 두었는데 수도사들을 사병처럼 거느리고 골 지방으로 가서 우상을 깨트리고 복음을 전파하였다. 그래서 오늘날도 프랑스에서는 그를 수호 성자로 추앙하고 있다.

어거스틴

선교사 어거스틴은 위대한 신학자요, 위대한 설교자요, 라틴

교회의 감독이었던 성 어거스틴과는 동명이인이다. 여기의 어거스틴은, 로마의 그레고리 교황에 의해 영국에 파송된 영국 선교의 위대한 개척자이다. 그는 40명의 베네딕트 교단 수도사들의 수행을 받으며 캔터베리 지역에 가서, 그곳을 근거로 영국에 복음을 전하여 영국 전역에 일대 부흥 운동을 일으켰다.

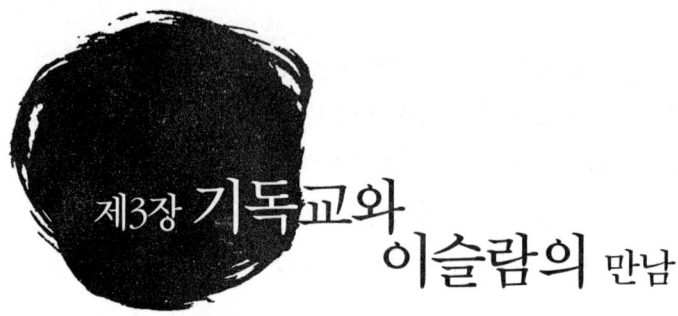

제3장 기독교와 이슬람의 만남

이슬람교의 발생

라투렛은 이 시기를 기독교 선교 역사상 대후퇴기(the Great Reccession)라고 불렀다. 매우 공격적인 종교인 이슬람교의 발흥과 기독교 세계로의 침투로 인해 기독 교세는 상당한 위축을 겪었다.

우리는 여기서 기독교와 이슬람의 만남에 대해 논하기 전에, 이슬람교의 기원과 그 창시자 무함마드에 대해 먼저 알아 볼 필요가 있다. 무함마드는 A.D. 570년경 메카(Mecca)에서 태어났다. 일찍이 부모를 잃고 고아가 된 후에 조부모 아래서 양육되다가, 조부모마저 죽자 숙부 아부탈리브에게 양육되었다. 그는 사막에서 양치기도 하였고 대상들과 함께 상품을 약대에 싣고 먼 지역까지 가서 장사도 하였다.[1]

---

1) Lothar Schmalfuss, "Muhammad" in *The World's Religions*(Grand Rapids: Eerdmans Publish Company, 1982), 311.

그는 알 쿠라이시(Al Quraish) 부족 중 하심(Hashmite) 일가에 속해 있었고, 메카의 부자 상인의 낙타 몰이로 고용되어 오랜 기간 고달픈 삶을 살아왔다. 그러다가 25세 때 그의 주인이 병으로 갑자기 죽은 후, 주인의 미망인이자 돈 많은 연상의 과부인 카디자와 결혼하였다. 아내 하디자의, 남편에 대한 헌신적이고도 감동적인 사랑과 내조와 격려로 무함마드는 매우 행복한 결혼 생활을 하게 되었고, 차츰 사막의 영웅으로 바뀌어갔다.[2] 이 결혼으로 무함마드는 경제적으로 안정된 생활을 하며 시간적 여유가 생기자 근처의 동굴에 은거하였는데, 명상 기도에 힘쓰고 단식하는 중에 환몽에 빠져드는 일이 많았다.[3]

무함마드가 자라난 고향 메카는 다신 숭배의 중심지였다. 그는 메카 사람들이 잡신들을 숭배하면서 미신 숭배에 빠진 삶에 환멸을 느낀 나머지, 아랍인들이 섬기고 있는 이교도들의 카바 신전을 자세히 관찰, 연구하였다. 그 결과 그는 유대교와 기독교에서 아랍인들을 보는 잘못된 역사적 편견을 바로잡아야겠다는 결심을 하게 되었다. 그러던 중 40세 때, 그는 새로운 종교에 대한 환상과 신적 계시를 받았다고 주장하고 이슬람교라는 새로운 종교를 창시했다.[4]

무함마드는 유일신 알라(Allah)에게만 경배해야 한다고 했고 자신은 알라신의 최후의 선지자라고 했다. 그는 자기의 주장을 '이슬람'(Islam)이라고 불렀는데 그 뜻은 '신의 뜻에 따른다'라

---

[2] Constantin Vergil Gheorghiu, *La Vie de Mahomet*(Editions du Rocher, 1970), 117-127.
[3] 최정만, 「비교 종교학」(서울: 이레서원), 290.
[4] Ibid.

는 뜻이다. 그리고 이슬람을 신봉하는 사람들을 모슬렘(Moslem)이라고 하는데, 무함마드 주변에는 모슬렘들이 많이 모여들기 시작하였다. 그러나 당시 메카는 우상 숭배 통치자들에게 박해를 받고 있었다. 이슬람 교리는 우상 숭배를 극히 배척했기 때문에 당시 메카는 우상 숭배 통치자들에게 박해를 받게 되었고 그는 622년에 메디나로 도망하였다. 그가 메디나로 도망한 날을 헤지라(Hegira)라고 불렀는데, 그 뜻은 '성천 곧 거룩한 이동'이란 뜻이다. 이날부터 이슬람교의 기원이 시작되는 것이다.

무함마드는 처음에는 자기 나라 안에서만 우상 제거에 노력하였다. 그러나 그가 이끄는 소수의 무리가 가는 곳마다 전투에 승리하게 되자, 세계를 정복하는 것이 알라신의 뜻이라고 해석하게 되었고, 드디어 세계 정복의 야망을 가지게 되었다. 그가 이끈 아라비아 군대는 열광적인 광신자들이며 약탈과 정복에 굶주려 있었다. 그들은 선지자 무함마드의 명령이라면 목숨도 내놓을 정도로 용감하였고, 무함마드에게는 절대 순종하는 무리였다. 이들은 여러 지방과 도시를 정복하여 영토를 확장시켜 나갔다. 이슬람은 경전인 쿠란(Qur'an)과 칼을 양손에 들고 상대방에게 둘 중 어느 것을 선택할 것이냐고 물어서 강요에 의한 모슬렘으로의 개종을 시도하였다. 이들은 로마 제국의 동부 소아시아 반도 일대와 이집트 및 북아프리카까지 영토를 확장하였고, 서쪽으로는 스페인을 완전 장악한 후 프랑스를 공격하였다. 그러나 732년에 샤를 마르텔(Charles Martel)이 프랑스 군대를 이끌고 투르에서 이슬람 군대를 격파함으로써 이슬람의 유럽 침투 기세를 꺾어 버렸다.

모슬렘이 신봉하는 쿠란은 대부분 구약성경에 있는 것을 약간 개조한 것에 불과하지만, 모슬렘들은 하늘에 계신 전능자요 전지자인 알라신이 선지자 무함마드에게 계시로 내려주신 것으로 믿고 있다. 이슬람교는 발생 당시부터 오늘에 이르기까지 기독교 선교를 가로막는 최대의 적이 되어 왔다. 즉 이슬람의 확장과 기독교 선교는 역사적으로 항상 충돌해 온 것이다. 그리고 이 충돌은 중세의 십자군 전쟁과 같은 피나는 투쟁으로 가기까지 하였다.

기독교 선교의 지리적 확장

A.D. 5-7세기에 기독교 복음은 아일랜드, 영국, 스코틀랜드까지 퍼져나갔다. 동쪽으로 간 복음은 네스토리우스파(Nestorian Church)로서, 시리아 에뎃사를 중심으로 크게 흥왕을 보이다가, 실크로드를 타고 중국으로 들어간 것이 A.D. 635년이다. 당나라에서는 이를 경교(景敎)라고 했으며, 당의 수도인 장안에는 21명의 수도승을 수용하는 태진사라는 경교 교회당을 짓게 하고 조정에서 적극 후원해 주니, 당에서 경교는 급속도로 성장하였고 황실과 고급 관료들 사이에도 경교를 믿는 자가 많았다고 한다.

A.D. 8세기에 새겨진 경교 전래 비석에 쓰여진 자료에 의하면, 알로펜(Allopen)이라는 서양인 선교사가 수십 명의 수행원과 함께 장안(현재의 서안)에 왔는데, 당나라 태종은 이들을 극진히 환영하였고 자신도 이 교리에 대해 배웠다고 되어 있다. 당

시 당 태종의 명령에 의해서 경교는 전국 10개 지방으로 확산되었고 100개의 도시에 경교 교회당이 세워졌다고 한다. 그중에서도 특히 진창, 항주, 양주에서 경교가 매우 왕성하였고, 이때 당나라 제국 내에는 23만 명의 신도가 있었다고 전해진다.

그러면 그 당시 한반도에서는 경교와의 접촉 가능성이 없었을까? 신라가 당나라와 국교 관계를 밀접하게 유지하고 있었고 당나라 황실에는 다수의 믿는 자가 있었으며 당나라 조정이 적극 지원해 주었다는 사실을 종합해 보면, 신라가 경교에 관심을 보이지 않을 이유가 없었다고 보인다. 그리고 실제로, 일제 때 경주 불국사에서 발견된 당시의 기왓장에서 경교 십자가 문양이 발견된 점을 미루어 볼 때, 기독교는 이미 한반도에 전래되었을 개연성이 매우 높다. 그렇다면 7세기에 기독교는 이미 유럽의 서쪽 끝에서부터 아시아의 동쪽 끝 한반도에까지 그 지리적 확장을 완료한 셈이다. 그리고 북쪽으로는 이 시기에 이미 스칸디나비아 반도에까지 전파되었다.

이 기간에 세계 복음화 운동의 중심 역할을 한 교회는 켈틱 교회였다. 켈틱 교회는 A.D. 400년경부터 적극적인 선교 활동을 시작하더니, 카롤링거 왕조의 샤를마뉴 대제 때부터는 본격적으로 야만인 지역에 기독교 보급을 추진하였다. 켈틱 교회는 약 2세기간에 걸친 이슬람의 침략(629-839)으로 매우 위축되어 있는 기독교 선교에 새로운 활력을 불어넣어 주는 운동을 보여 주었다.[5]

---

5) Paul E. Pierson, "The Historical Development of The World Missionary Movement", in Fuller Theological Seminary MH520 Syllabus Course Work 강의안 참조.

당시의 교회는 형식과 제도에만 치우쳐서 본래의 생명력 있는 영적인 면을 상실해가고 있었는데 그에 대한 개혁 운동으로서 수도원 운동이 일어나기 시작했다. A.D. 910년경에 수도원 운동을 시작한 클루니의 수도원 운동이 그 대표적인 예이다.

당시 로마 제국 내의 거의 모든 교회는 제도화된 교회 구조(modality)를 가지고 있었지만, 켈틱 교회만은 선교 중심의 교회 구조로서 선교에 매우 헌신적이었다. 그러나 이때는 비록 시간적으로는 매우 오랜 기간이 흘러갔지만 교회의 신학적 발전은 거의 찾아볼 수 없었다. 그 가장 큰 이유 중의 하나는 이슬람의 침략으로 인한 교회의 위축을 들 수 있다.

중심 인물

영국(브리튼)에서의 본격적인 선교 운동은 5세기 이후부터 시작된다. 잉글랜드 지역은 남유럽 쪽에서 건너온 로마 교회 선교사들에 의해, 그리고 북쪽의 스코틀랜드나 아일랜드에서는 켈틱 교회 선교사들에 의해 선교 확장 운동이 진행되었다.

아일랜드의 사도 패트릭

패트릭(Patrick)의 생애와 그 연대에 대해 정확히 말할 수 있는 사료가 없지만, 패트릭 자신에 의해 저술된 「고백록」(Confession)과 "코로티커스 병사들에게 보내는 편지"(Letter to the soldiers of Coroticus)에 근거하여 그의 생애와 선교 사역을 생각해 보기로 한다.

그는 A.D. 389년경 로마 제국 관할 아래 있는 영국의 서해안 (오늘의 웨일스 지방)에서 행정관(decarion)으로 일하는 집사(deacon)의 아들로 출생했다. 그런데 유럽 대륙에서는 5세기 초엽부터 로마 제국 군대에 의해 유지되던 힘의 균형이, 고트 족의 침입으로 많이 깨지고 있었다. 그래서 영국에 주둔하고 있던 로마의 군단은 로마 제국 국경 지대를 방어하기 위해 유럽으로 이동하였다.

그러한 시대 상황 속에서 패트릭의 나이 16세 되던 해(389년), 아일랜드 북쪽에 있던 스코트족(Scots)의 해적이 영국 서해안 지역에 침입하여 약탈과 학살을 자행하며 수천 명의 사람을 포로로 잡아 아일랜드로 데리고 가는 일이 일어났다. 소년 패트릭은 그때 잡혀온 포로 중의 한 명이었다.

그 후 그는 아일랜드 섬의 동북부, 앤트림(Antrim) 주에 있는 어떤 지주에게 노예로 팔려갔다. 거기서 그는 6년 동안 돼지우리에서 고된 일을 하는 노예 생활을 했다. 이전에는 참되신 하나님을 알지 못했으나, 6년 동안의 노예 생활을 통해 곤고한 가운데서 전능하신 하나님을 찾고 갈망하는 종교적인 각성을 하게 되었다.

"주께서는 나의 비천함을 돌아보셨고 나의 젊음과 무지를 불쌍히 여기셨다. 주께서는 나의 불신을 깨닫게 하시고 늦게나마 나의 허물을 기억나게 하셨고, 나의 마음이 하나님 되신 주께로 전심으로 돌아가게 하신다."[6]

---

6) St. Patrick, *Confession*, 16.

이후 패트릭은 하나님께 대한 사랑과 신앙이 커져 가면서 기도 생활에 더욱 힘쓰게 되었다. 그의 「고백록」 16페이지에 보면, "숲 속과 산속에 머물면서 낮에는 열 차례 이상 기도했고 밤에도 그만큼 기도했으며, 이른 새벽에 일어나 눈과 어둠 속에서도 기도했고 비를 맞으면서도 기도했다"라고 했는데, 이것을 보면 그가 얼마나 기도에 힘쓰는 사람이었나를 알 수 있다. 하루에 밤낮으로 스무 번 이상 기도했다는 것으로 미루어 볼 때, 4시간만 자고 매 시간마다 한번씩 기도한 결과가 되는 것이다. 그는 과연 데살로니가전서 5장 17절의 "쉬지 말고 기도하라"는 말씀대로 쉬지 않고 기도하는 삶을 살아갔던 것이다.

그런데 금식하며 기도하던 어느 날 밤, 패트릭이 잠을 자고 있는데 "네가 금식을 잘하고 있구나. 너는 곧 고향으로 돌아가게 될 것이다. 네가 있는 곳에서 가장 가까운 바닷가에 지금 고향으로 돌아갈 배가 준비되어 있다"는 음성이 들렸다. 그가 깜짝 놀라서 깨어보니 꿈이었다. 이에 대해 그가 쓴 「고백록」에는, "이상한 힘에 이끌려 그곳을 탈출해서 어느 해안에 도착했다"고 기록하고 있다.[7]

그곳에는 아일랜드로부터 사냥개들을 유럽으로 운반하는 상선이 있었다. 그가 그 배에 타려고 하자 선장이 거절하는 것이었다. 거절당한 그가 뒤돌아서서 하나님께 기도하고 있는데, 그 순간 선장의 마음이 변하여 그에게 빨리 오라고 소리 지르며 손짓하는 게 보였다. 그 배를 타고 3일 동안 항해한 후에 골 지방 (지금의 프랑스) 서해안에 도착했다. 패트릭은 두 달 동안 그 개

---

7) Ibid., 17.

장사들과 함께 프랑스, 이태리 지역을 여행하면서 그들에게 신앙적 감화를 주었고, 두 달 후에는 그들로부터 자유의 몸이 되었다고 한다.

그 후 그는 프랑스 남쪽 지중해의 레렝(Lerins)이라는 작은 섬에 있는 어떤 수도원(410년 설립)에서 생활하며 큰 감화를 입게 되었다. 그리고 몇 년 후에 레렝 수도원을 떠나 영국 웨일스 지방의 서해안에 위치한 그의 고향에 돌아와 친척들을 만나게 되었다. 그런데 고향에서 친척들과 정답게 지내고 있던 어느 날, 꿈속에서 아일랜드에서 온 사람 같아 보이는 빅토리쿠스(Victoricus)라는 사람이 수많은 알파벳으로 쓰인 글자들을 가지고 있는 것을 보았다. 이어 그가 패트릭에게 그 글자들 중 하나를 보여 주었는데 그 첫머리에 '아일랜드 사람의 소리'(The Voice of the Irish)라고 쓰여 있었다.

이 글자를 읽는 순간, 패트릭은 전에 그가 포로로 잡혀 가서 고생하던 그곳 아일랜드의 풍경과 그들의 소리를 듣는 것 같았다. 그들의 음성은 똑같이 '와서 우리를 도와주세요'였다. 이것은 사도행전 16장 6-10절에 나오는 마게도냐 사람의 부르짖음과도 동일했다. 이때, 바울이 이방인들에 대한 확실한 소명을 느낀 것같이, 패트릭도 아일랜드 선교를 위한 확실한 소명을 느꼈다.

그러나 자신의 교육과 훈련이 미흡함을 실감한 패트릭은, 자신을 훈련시키기 위해 골(Gaul)에 위치하고 있는 오세르(Auxerre)에 찾아가, 오세르 교회에서 선교사가 되는 데 필요한 훈련을 받았다. 얼마 후에는 그곳 감독 아마토르(Amator)의 인정을 받아 집사로 안수 받았으나, 패트릭의 아일랜드 선교의 소명과 열망에 대해서는 인정을 받지 못했다. 그러자 패트릭은 자기의 아일랜드 선교의 꿈이 인정받을 때까지 14년 동안을 그 곳에 머물면서 준비해야만 했다.

그런데 교황 켈레스티누스(Caelestinus)에 의해 아일랜드의 초대 감독에 임명된 팔라디우스(Palladius)가 위클로(Wicklow)와 앤트림 주에서 선교 사역에 종사한 지 1년 만에 죽는 일이 일어났다. 그래서 그 후임으로 패트릭이 아일랜드의 감독으로 안수 받고 432년경 아일랜드 동쪽 해안에 상륙했다. 거기서 그는 전에 위클로 지방에서 팔라디우스가 돌보던 성도들을 찾아 돌본 후, 북쪽으로 항해하여 다운(Down) 주 동부 해안에 싱륙했다. 그리고 이 지방의 유지인 디추(Dichu)에게 전도하여 세례를 주니, 그는 패트릭에게 빈 창고 건물 하나를 기증하여 예배 처소로 사용하도록 했다. 바로 그곳이 패트릭의 아일랜드 선교 중심지 역할을 하게 되었다.

그 후 그는 다시 북쪽 앤트림 지방으로 전도하러 갔는데, 그의 옛 주인은 패트릭이 그곳으로 온다는 소식을 듣고 패트릭의 마술에 걸릴까봐 두려운 나머지, 패트릭이 도착하기도 전에 자살하고 말았다.

한편 패트릭의 전도 방식은 어느 곳을 가든지 그 지방의 유지와 정치 지도자를 설득하고 전도해서 이들을 통해 복음 선교를 가속화시키는 것이었다. 이에 대한 패트릭의 선교 업적을 대충 정리해 보면 다음과 같다.

"그는 아일랜드의 왕 라오게어(Laoghaire)의 환심을 사고 왕의 동생 코날(Conall)로부터 땅을 기증받고 그곳에 60자 길이 큰 교회를 세우고 그곳 미스(Meath) 주 일대를 복음화시켰다."[8]

패트릭은 사도 바울이 영혼 구원을 위해 재물을 소비하고 자신까지 헌신했던 것처럼, 자기도 왕들에게 선물을 바치기도 했다고「고백록」에 기록하고 있다.

패트릭은 아일랜드 교회가 유럽 대륙의 로마 기독교와 관계를 유지하면서도 아일랜드 실정에 맞는 교회 조직과 풍습에 맞는 교회 생활을 하도록 지도함으로써, 토착화 선교에 성공했다. 아일랜드는 한국의 도(道)와 같은 여러 주(州)로 구성되고 주(州)는 여러 부족으로 구성되어 있었는데, 각 부족은 수도원을 중심으로 신앙생활을 했다. 그리고 부족장이 신앙 고백을 하면 전 부족이 그에 따른 신앙생활을 했던 것이 이들의 풍습이었다(맥가브런은 이것을 '집단 개종'이라고 했다).

또 아일랜드 풍습 가운데는 전면 체발(剃髮, front tonsure)이라 하여 양쪽 귀를 연결하는 선의 앞 부분의 머리털을 깎는 아일랜드 고유의 체발 문화가 있었다. 이것은 원형 체발(coronal tonsure)이라는 로마 교회의 체발 형식과 대조를 이루었다. 성직 안수 때 머리 가운데 부분을 전부 면도해서 안수자의 손을 타고 내리는 거룩한 신적 임재(divine presence)가 닿는 부분을 깨끗이 청소하는 의미가 있었다. 그리고 세례 때 성수(聖水)가 닿는 곳을 깨끗이 하고자 하는 의미로 그렇게 했던 것이다.

패트릭에 의해 아일랜드에 전해진 복음은 그곳 문화에 뿌리를 내렸으며 그렇게 뿌리내린 아일랜드의 토착 기독교는 3대

---

8) F.F. Bruce, *The Spreading Flame*, 384.

특징이 있다. 첫째, 엄격한 수도원적 신앙생활이고, 둘째, 학문 연구이며, 셋째, 영혼 구원의 전도와 복음 확장 활동에 매우 적극적이고 열심이었다는 것이다.

그리고 패트릭의 뜨거운 전도 활동 중에는 수많은 이적과 기사가 나타났다. 그중 하나가 미스(Meath) 주에서 드루이드(Druides) 종교 사제들과 패트릭이 대결하여 그들의 마술을 깨뜨림으로써 기독교가 드루이드 종교보다 우세함을 증명한 것이다. 또 하나의 사건은 패트릭이 마요(Mayo) 주로 가는 중도에 커다란 돌 우상이 하나 서 있었는데, 이를 본 패트릭이 하나님이 가장 싫어하시는 것이 우상이라는 사실을 생각하고 그 우상을 깨뜨려버린 일이다. 즉 전능자 하나님의 크신 능력 앞에 우상의 무능이 나타난 것이다. 이것을 능력 대결(power-encounter)이라고 한다. 이 마요 주는 바로 그가 전에 아일랜드인의 음성과 환상을 보던 숲과 보클루트(Voclut) 숲이 있는 곳이다. 이곳에서 패트릭은 7년 동안 머물며 마요 복음화에 전심전력을 다했다.

이후 패트릭은 443년에 동부 아마(Armagh)로 돌아와 그곳의 군주 다이레(Daire)의 환심을 사게 되었다. 그 군주는 패트릭에게 아마에 있는 토지를 주었고, 패트릭은 그 토지 위에 교회와 수도원을 세웠다. 이 수도원이 그 후 아일랜드 기독교의 중심지가 되었다. 패트릭은 457년경 아마 감독의 자리를 그의 제자 베니뇨(Benignus)에게 물려주었다. 그리고 461년 위대한 선교사로서의 생을 마감한 후, 다운 주 동쪽 다운 패트릭(Down Patrick)에 묻혔다.9)

이상과 같이, 패트릭의 신앙 인격과 선교 활동에 대해 요약해 보면 그 특징은 다음과 같다.

> ① 패트릭은 사도 바울처럼 자기의 모든 수고는 전적으로 하나님의 은혜로 말미암았음을 절감했다.
> ② 자기 자신을 도무지 자랑하지 않았다.
> ③ 오히려 자기의 약함을 자랑하는 겸손한 사람이었다.
> ④ 패트릭의 생애에 수많은 이적이 있었지만, 그는 이적에 대해 한마디 언급도 없었고 하나님의 놀라우신 은혜만을 높였다. "내가 어떤 조그마한 일을 하나님의 뜻대로 이룩했다면, 그것은 나의 무지와 무능으로 되어진 것이 아니라 오직 하나님의 선물로 되어진 것이다." 이것이 패트릭의 진실한 고백이었다.

스코틀랜드의 사도 콜럼바

선교 역사가 라투렛 교수의 지적에 의하면, 7세기 서유럽 선교의 추진력을 제공했던 중심지는 아일랜드 섬이라고 했다. 그는 "6세기경에 아일랜드 수도원을 중심으로 기독교 켈틱 문화가 발전하고 있었는데, 이곳에서부터 아일랜드의 수도사들, 선교사들, 학자들이 세계 각처로 퍼져 나갔다"고 했다.[10]

유럽에는 그리스도를 위하여 걸어다니며 복음 전하는 아일랜드 사람들이 많았는데 이들을 '순례자들'(peregrini)라고 불렀

---

9) F.F. Bruce, 382.
10) Kenneth Scott Latourette, *A History of The Expansion of Christianity* (vol.2). *Two Thousand Year of Uncertainty*, 36.

다. 이들 수많은 페레그리니 중에 콜럼바(Columba)는 스코틀랜드로 간 후 그곳에서 일생을 바쳐 복음을 전했다. 켈틱 교회 선교사들은 로마에서 파송된 선교사들보다 훨씬 더 순수한 신앙과 열정을 가지고 맨발로 각처로 걸어다니며 복음을 전하는 페레그리니들이었다. 「순례자 교회」(The Pilgrim Church)의 저자 브로드벤트(E.H. Broadbent)는 다음과 같이 말했다.

> 켈틱 교회 선교사들의 선교 방법은 여러 마을을 방문하고 나서 적합한 곳을 골라 선교 중심지 마을을 설립하는 것이다. 그리고 그 마을의 중심에서 검소하게 목조 예배 처소를 세우고 그 주위에 교실과 선교사들의 숙소를 세운다. 또한 주위에 학생들과 가족들을 위한 가정집을 많이 지어 둔다. 그러나 시간이 지남에 따라 개종자가 늘어나면 이곳이 채워진다. 이 모든 건물들의 외곽에는 높은 담으로 둘러쳐진다.[11]

선교사들은 12명씩 짝을 지어 담장 밖에 있는 선교 지역으로 복음을 전하러 나간다. 남아 있는 사람들은 학생들을 가르치며 토착 언어들을 습득하여 찬송가와 성경을 번역한다. 수도사들은 결혼할 수도 있고 독신으로 지내기도 하는데, 대부분 자유롭게 사역하기 위해 독신을 택한다. 개종자들이 나타나면 그중에 특별히 재능 있는 자들을 선발하여, 자기 동족들에게 성경을 가르치고 교육할 수 있도록 성경과 수공 기술을 가르쳤다.

---

11) 오늘날에도 선교자에 따라서는 이와 같은 집단 공동체를 이루어 선교해 나가는 곳이 있는데 이를 'missionary compound'라고 한다.

개종자들에게는 소정의 교육을 마치고 신앙의 지속성과 신실성의 확증을 얻은 후에 세례를 주었다. 그리고 토착민들과의 종교적 토론은 피했는데, 기독교 진리를 가르치는 것이 더 효과적이라는 것을 깨달았기 때문이다. 선교사들은 성경을 신앙과 생활의 가장 권위 있는 규범으로 받아들였으며 믿음에 의해서만 의롭게 된다고 설교했다. 또한 그들은 정치에 참여하거나 국가의 도움을 요청하지 않았는데, 이 모든 사역이 로마 가톨릭의 선교 방법과는 크게 차이가 있었다.[12]

그의 제자 애덤넌(Adamnan)이 기록한 「성자 콜럼바의 전기」(*Vita Sancti Columbae*)에 의하면, 콜럼바는 521년경에 아일랜드의 서북부 도니골(Donegal) 주 귀족 가문에서 출생했다. 어린 시절 그는 모빌(Moville)에 있는 수도원에 보내어져 사제 훈련을 받고, 피니안(Finnian) 원장 밑에서 집사가 되었고, 그 후 장로로 안수받은 후 아일랜드 곳곳을 다니며 '순례자로서' 교회와 수도원을 건립했다. 그러다가 42세 되던 563년경 아일랜드로부터 추방을 당해, 스코틀랜드 서해안 아가일셔(Argyllshire) 지역으로 갔다.

어디든 명령에 순종하여 가는 선교자로서의 모형이 될 만한 모습을 창세기 12장 1-3절의 아브라함에게서 찾을 수 있었는데, 하나님은 "본토, 친척, 아버지 집을 떠나라"고 아브라함에게 명령했다. 그런데 성경의 전체적 문맥에서 볼 때 이 명령은 선교적 명령임이 틀림없다. 즉 누구든지 전적으로 이 명령에 순종할 때

---

12) E.H. Broadbent, *The Pilgrim Church*(London: Pickering & Inglis, 1974), 34-35.

선교사가 되는 것이다.

아일랜드에서 추방당한 선교사 콜럼바는 작은 섬 아이오나(Iona)에 상륙하여 거기서 정착했다. 이 섬은 아가일셔 지방에 자리 잡은 달리아다(Dalriada) 왕국의 지배하에 있었는데, 콜럼바는 코날 왕의 허락으로 아이오나에 수도원을 세우고 기도, 금식, 연구, 저술, 노동에 종사하면서 그곳을 선교 훈련 센터로 이룩해 갔다. 이때 아가일셔는 픽트족(Picts) 브루드(Brude) 왕이 콜럼바의 전도를 받고 개종함으로 픽트족을 위한 선교의 문이 열리게 되었다.

콜럼바는 원래는 매우 사납고 불같은 성격의 무사 출신이었다. 그는 몸이 건장하고 목소리가 우렁찼다. 그러나 차츰 온화하고 인자한 성품이 되었다. 폭풍에 상처 난 학을 치료하는 등, 동물들에게까지 사랑을 베풀 정도였다. 이러한 인자한 성품 때문에 붙여진 이름이 콜럼바인데, 원래 콜럼바의 뜻은 '비둘기'이다. 콜럼바에 의해 세워진 이 아이오나 선교 센터는 스코트족, 픽트족 및 영국 동부의 튜턴족 개종에 큰 공헌을 했다.

노섬브리아 선교사 아이단

A.D. 625년경 노섬브리아 왕 에드윈(Edwin)이 웨일스의 왕이 되었는데, 꿈속에 십자가 깃발이 보이고 콜럼바가 나타나서 그에게 승리를 약속했다. 오스왈드(Oswald)는 십자가를 세우고 기도한 후 나아가 싸워서 이겼다. 오스왈드는 아이오나 섬으로 사람을 보내 선교사를 노섬브리아로 파송해 줄 것을 요청하였다.

그러자 아이오나에서 파송한 첫 번째 선교사는 실패하였고, 두 번째로 아이단을 파송했다(635년). 이에 노섬브리아의 왕은 아이단에게 린디스파른(Lindisfaren) 섬을 주어 선교의 중심지로 삼게 했다. 린디스파른 섬은 썰물 때는 걸어서 해안에 상륙할 수 있는 해안 가까운 곳에 있는 섬인데, 아이단은 린디스파른에서 노섬브리아까지 걸어서 복음을 전하러 다니는 순례자(Peregrini)였다.

아이단의 인자한 성품과 엄격한 신앙생활의 모범은 많은 사람들에게 감화를 주었고 그의 선교는 큰 성공을 거두었다. 그는 가난한 사람들에 대한 관심이 컸고 노예를 해방시켜 주었으며 그들을 교육시키는 일도 했다. 아이단이 스콧 말로 설교하면 오스왈드가 앵글로색슨 말로 통역하는 부흥 집회는, 역사적으로 매우 유명한 집회로 알려져 왔다.

빌리브로드

클레멘트 빌리브로드(Clement Willibroad, 658-739)는 교황에 의해 화란과 벨기에로 파송된 선교사이다. 이 지역에 거주하고 있는 인종은 프리지아족(Frisians)인데, 이들에게는 아직 복음이 전해지지 않고 있었다. 이를 안타깝게 생각한 아를(Arles)의 카이사리우스(Caesarius) 감독의 도움으로 빌리브로드는 파송을 받았고, 헤리스탈(Heristal) 궁재(宮宰) 페팽(Pepin)의 후원을 많이 받았다. 페팽은 후에 프랑크족의 왕이 되었다.[13]

---

13) 스티븐 닐, 「기독교 선교사」(*A History of Christian Mission*, 홍치모/오만규 역, 서울: 성광문화사, 1979), 87.

빌리브로드는 지금의 위트레흐트(Utrecht) 지역에서 11명의 선교사를 거느리고 선교 활동을 성공적으로 잘하여, 페팽으로부터 위트레흐트 감독으로 임명받았다. 그리고 A.D. 695년 11월 22일에는 교황 세르기우스(Sergius)로부터 추기경 서품을 받았다.14) 그가 추기경이 되기 전까지는 프랑크족 선교사였으나, 추기경 서품과 함께 로마 교황청에서는 그를 프리지아 선교사로 파송했다. 그 후 그는 프리지아 땅에 위트레흐트, 안트베르펜(Antwerp), 에히터나흐(Echternach), 서스테른(Sustern) 등 4곳에 수도원을 세웠다. 이 수도원은 기도와 연구와 훈련의 중심이 될 뿐 아니라, 수도사들이 선교 여행을 마치고 돌아와 휴식을 취하며 새 힘을 공급받을 수 있는 기지가 되었다.15)

프랑크족과 프리지아족 사이에 계속되는 정치적 긴장 속에서, 선교사들이 프랑크족 쪽에서 왔다는 백성들의 생각이 선교 사역에서 감당해야 할 가장 무거운 짐이었다. 그러나 빌리브로드는 죽기 전에 프리지아족에게 영원히 기념이 될 만한 아름답고 견고한 교회를 설립하였다.

보니파세

보니파세(Boniface, 680-754)는 영국의 데번셔(Devonshire)에서 태어나서, 수도원에 들어가 훈련을 받고 30세에 사제로 서품을 받았다. 그리고 독일 크레디톤(Krediton)에 선교사로 파송

---

14) Ibid.
15) Ibid.

받았는데 본명은 윈프리드(Wynfrith)이다. 네비게이토(Nevigator)선교회를 창립한 크리스토퍼 도슨은 그를 가리켜서 "지금까지 살았던 어떤 영국인도 유럽 역사에 윈프리드보다 더 깊은 영향을 끼친 사람은 없다"고 했다.16)

그러나 40세가 되기까지, 보니파세는 영국 웨식스(Wessex)의 수도원에서 경건한 기독교 전통에 충실한 일개 평범한 무명의 수도사였다. 그런데 윈체스터(Winchester) 지방에 있는 넛셸링(Nutshalling) 수도원이나 엑서터(Exeter) 수도원의 경건 훈련은 당대에 엄격하기로 매우 잘 알려져 있었다.17)

선교사로 파송된 후 보니파세의 선교 활동은 40년간 계속되었는데, 크게 다섯 기간으로 나누어 볼 수 있다.

(1) 제1기: 이 시기는 빌리브로드의 지도와 도움을 받으면서 프리지아에서 봉사 활동의 성격을 띤 선교를 하던 기간이었다. 이 시기에 그가 선교했던 기록은 거의 찾아볼 수 없다.

(2) 제2기: 보니파세는 722년 11월 30일 교황청으로 소환되어, 교황 그레고리 2세로부터 교구 구획이 확정되지 않은 독일 변경 지대에, 새로운 선교 사역으로서의 교구 설정과 함께 감독 임명을 받았다. 그 과정에서 이 선교 사역이 성공하려면 로마의 직접적인 지원 협조와 훌륭하고 엄격한 협조 조직이 필요함을 예리하게 인식했다. 그리고 로마로부터 임지로 돌아온 보니파세는 헷센(Hesse)의 가이스마르(Geismar)에 있는 성소의 떡갈나무를 도끼로 찍어 쓰러뜨렸다.18)

---

16) Christopher Dawson, *The Making of Europe*(9th Impression, 1953), 166; Neill, *A History of Christian Mission*, 74.
17) Neill, 87.

이것은 성(聖) 골(St. Gall)이 스위스 동북부 지역에 도착해서 이교도 사원을 파괴한 행동과 같은데, 이러한 행위에 대해 독일 사람이나 스위스 사람은 죄로 인식하고 이것을 시죄법(試罪法, trial by ordeal)으로 재판했다. 즉 성소의 신성성을 침해한 사람은 누구든지 신의 저주를 받아 죽는 것으로 독일인은 인식했던 것이다. 그렇기 때문에 만일 그가 죽지 아니하면 그가 섬기는 신이 승리한 것이다. 그러므로 이것은 보이지 아니하는 공간에서 투쟁하는 신들의 투쟁이다. 이것을 능력 대결이라고 한다.

보니파세는 사람들에게 공언하기를, 자기는 상처 하나 입지 않을 것이며 만일 자기가 떡갈나무를 쓰러뜨리고 그들의 귀신을 이기면, 그 마을 사람들은 모두 보니파세를 따라 새로운 신(기독교의 하나님)을 섬겨야 할 것을 약조받았다. 결국 보니파세의 승리로 그가 믿는 기독교의 하나님이 그들 대대로 믿어오던 조상들의 신보다 강력함이 입증되었다. 그리고 보니파세는 쓰러뜨린 그 큰 나무로 성 베드로 기념 교회를 세웠다.[19] 일설에 의하면, 그 거대한 나무가 땅에 쓰러지면서 사면에 흩어졌는데, 신기하게도 모두 모양과 크기가 같은 십자가가 되어 땅에 꽂혔다는 것이다.[20]

(3) 제3기: A.D. 737-738년에 해당하는 이 시기에 보니파세는 또 한 차례 로마를 방문하였고, 프라이징(Freising), 파사우(Passau), 라티스본(Ratisbon, 레겐스부르크), 잘츠부르크(Salzburg),

---

18) Ibid.
19) Ibid.
20) George William Greenway, *St. Boniface*(Londopn: Adam & Charles Black, 1955), 28.

아이히슈테트(Eichstatt), 뷔르츠부르크(Würzburg) 등지에 감독교구를 설치하고, 744년에는 풀다(Fulda)에 수도원을 건립하였다. 이 수도원은 오늘날까지 중부 독일의 대표적 수도원으로 존재해 오고 있다. 보니파세의 선교 제3기는 필립 샤프의 말을 빌리면, "그의 선교 사역에 일대 획기적 전기"가 되었다.[21]

이 사건 후 수천 명의 사람들이 보니파세에게 나와 세례를 받고 교인이 되었다. 그는 이후부터 계속 우상의 전각들과 사원과 바위를 깨뜨리는 일을 계속해 나가다가 다른 감독에게 조언을 구했는데, "그런 물리적인 힘을 사용하는 방법은 지혜롭지 못하니, 미신을 믿는 그들이 자신들의 행동이 어리석고 불합리하다는 것을 스스로 깨닫고 미신에서 떠나도록 하는 것이 더 지혜로운 방법"이라는 충고를 듣기도 했다.[22]

(4) 제4기: A.D. 741-752년의 기간으로, 이 시기는 교회의 개혁기이다. 메로빙거 왕조(Merovingiens)의 국왕 아래 통치권을 행사하던 재상들은 교회 개혁에는 무관심했다. 742-747년에는 교회가 회의를 소집하여 교회의 기강을 세우고 악폐를 근절하고 로마에 대한 충성을 강화했다. 그리고 751년에는 궁재 페팽이 왕위에 오를 때 보니파세가 왕의 대관식을 주재했다. 이 사건으로 인해 페팽 왕가의 권위에 대한 교황의 승인은 물론 쉽게 얻었고 보니파세의 권위는 더욱 강화되었다.[23]

---

21) Philip Schaff, "Medieval Christianity", Vol. 4 of *History of the Christian Church*(Grand Rapids: Eerdmans, 1979), 94.
22) C.H. Talbot, "St. Boniface and the German Mission", in *The Mission of the Church and the Propagation of the Faith*, ed. G.J. Cuming(Cambridge: The University Press, 1970), 49.
23) Ibid.

(5) 제5기: A.D. 753-755년의 이 시기는 보니파세가 행정직에서 다시 일선 선교사로 일하던 시기이다. 그는 선교적 열정을 이기지 못해서 노구임에도 불구하고 수행 선교사들과 함께 복음이 들어가지 않은 프리지아족에게 찾아갔다. 그곳은 조이데르 해(Zuiderzee)라는 북방 변두리 지역이다. 그리고 매우 성공적인 복음 전파 사역이 보니파세와 그의 수행 선교사들에 의해 진행되었다. 그러나 755년 6월 5일, 도쿰(Dokkum) 근처에서 견신(堅信, confirm) 받을 새 신자들을 보니파세와 수행 선교사들이 기다리고 있는데, 난데없이 한 무리의 분노한 이교도 주민들이 갑자기 공격해 왔다. 이때 보니파세와 함께 50명의 수행원이 그 자리에서 살해되었다. 보니파세의 편지와 소문들은 오늘날까지 많이 남아 있다.[24]

안스가르

안스가르(Ansgar, 801-865)는 A.D. 800년 크리스마스에 샤를마뉴(Charlemagne, 재위 771-814) 대제가 로마에서 교황 레오 3세로부터 신성 로마 제국 황제로 임명받은 후부터 북방 정복에 힘썼다. 그는 새로 정복된 민족의 개종과 함께 새로운 6개의 감독 관구(Dioces)를 설치하였다. 804년에 설치된 함부르크 관구는 그중의 하나로, 이것이 스칸디나비아 반도를 복음화시키는 선교 센터의 역할을 하였다.

이들 색슨족에 대한 샤를마뉴 대제의 정복에 가장 먼저 위협

---
24) Ibid.

을 느낀 것은 데인족(Danes, 지금의 덴마크족)이었다. 그래서 이들은 810년에 슐레스비히(Schleswig) 지협을 가로지르는 거대한 성벽을 쌓았는데 이것이 유명한 다네비르케(Danevirke)이다. 이 성벽 북쪽에서는 일단 남쪽에서 올라오는 일체의 문물과 종교 등 모든 것을 차단하였다.

이때 헤랄트 클라크(Herald Klark) 왕자가 400명의 수행원을 이끌고 망명 와서 마인츠(Mainz)에서 세례를 받았다. 이후에 그는 자기의 왕국을 되찾기 위해 출정하는데 여기에 선교사들이 수행하게 되었다. 프랑스의 북부 피카르디(Picardy) 지방에서 801년에 태어나 코르비(Corbie)에서 수도자가 된 안스가르가 군종 사제의 자격을 띠고 동행하였으나, 클라크의 원정은 실패했다.

그 후에 스웨덴의 비르카(Virka)에 사는 상인들이 선교사의 파송을 요청했다. 이번에도 안스가르가 파송되었다. 이 당시 스웨덴의 국왕 비외른(Bjorn)은 선교사들에게 매우 친절했으며 그들에게 복음을 전파하고 교회를 세우도록 허락하였다.[25] 이에 스칸디나비아인들 몇 명이 세례를 받았다. 파송된 안스가르의 선교가 성공적이자, 기뻐한 프랑스 왕 루이 황제는 그를 함부르크의 대감독에 임명해 달라고 교황 그레고리 4세에게 청원하였다. 루이 황제는 또 안스가르에게 서플랑드르(West Flanders) 수도원을 주고 재정 지원도 했다.

그런데 845년에 함부르크가 바이킹족에 의해 불탔다. 북구의 거친 기후와 함께 이교도들의 습격과 박해도 많았지만, 그는

---

25) Ibid., 97.

이에 굴복하지 않고 "복음은 모든 믿는 자에게 구원을 주시는 하나님의 능력"이라고 굳게 믿고 선교의 기초를 굳건히 다졌다.

그는 848년에 브레멘(Bremen)의 대감독으로 임명되었고, 덴마크 왕의 신임을 얻어 슐레스비히에 교회를 세우고 서쪽 해안의 리베(Ribe)에도 교회를 세웠다. 그러나 865년 2월 3일 그의 사망 후에는 이 모든 선교 사업이 또다시 무관심 속으로 사라져 갔다. 그리고 그는 그렇게도 순교를 원했지만 평화스러운 가운데 조용히 하늘나라에 갔다. 순교는 아무나 자신이 원하는 대로 되는 것이 아니었다.

키릴과 메토디우스

슬라브족에게 복음을 전한 최초의 선교사는 키릴(Cyril, 826-869)과 메토디우스(Methodius, 815-885) 형제이다. 이들 형제는 데살로니가가 고향인 그리스 종족으로서 동로마 황제의 발탁을 받고 국비 장학생으로 고등 교육과 신학 교육을 받은 자이며 행정과 외교에도 경험이 있었다.

그리고 슬라브어도 구사할 수 있었다. 키릴은 언어와 철학에 특히 뛰어난 재능이 있었는데, 문자가 없는 슬라브족에게 로마자 알파벳을 창안하여 슬라브어를 문자화하는 일에 전념하였다. 드디어 그는 글라골 문자(Glagolitic Script)를 완성했다. 슬라브어 대부분이 지금까지도 이 문자로 표기되어 사용되고 있다.[26] 그리고 또 성경 전체를 슬라브어로 번역하는 데 성공하였다.

그는 또한 모라비아 지방에 도착했을 때, 그들의 예배 의식(예전)이 서방 교회에서 쓰는 라틴어로 되어 있고, 그들이 의미를 모른 채 예배에 사용하고 있는 것을 보고 그것을 일상생활에서 사용하는 언어인 슬라브어로 번역해 주었다. 그런데 이 지역은 위치상으로는 동방 교회에 가깝지만 정치적으로나 전통상으로는 서방 교회에 가까이해 왔기 때문에 동서 교회의 분쟁 요소를 항상 내포하고 있다.

그리고 그 분쟁 요인 중 가장 큰 것이 키릴의 번역인 슬라브어 예전 사용이었다. 왜냐하면 지금까지 로마는 라틴어만이 유일한 예배 용어라고 주장해 왔기 때문이다. 야만인들의 언어인 슬라브어는 투박하고, 야박하고, 거칠고, 아직 고유 문자도 없는 언어인데, 이 언어로 예배를 드린다는 것은 언어도단이라는 것이다. 이 언어로 예배 드리면 예배의 존엄성이 훼손된다는 것이다.[27] 반면에 고색 찬란한 위엄과 품위와 교화력을 갖추고 있는 라틴어로 예배 드린다는 것은 예배의 존엄성뿐 아니라 서방 세계의 정신적 통일에도 기여한다는 것이다.

그러나 동방 교회의 예배관은 서방 교회와 차이가 있었다. 그리스정교회 교인들은 아르메니아인들과 시리아인들과 친숙했다. 동방 교회 즉 그리스정교회는 그들 고유의 예배 전통(예전)을 가지고 있었다. 그들은 서방 교회와 다른 그들 고유의 알파벳(Greek Alphabeth)을 가지고 있었다. 토착 언어의 기초 위에 자민족 교회와 자민족 문화를 건설해야 한다는 것은 동방 교

---

26) 슬라브 계열 언어 가운데 폴란드어, 체코어, 크로아티아어만이 예외로 로마 알파벳으로 기록되고 있다.
27) Ibid., 102.

회(비잔틴교회) 지도자들에게는 지극히 당연한 명제였던 것이다.[28]

이러한 동방 교회와 서방 교회의 긴장 아래 지역적 관할권 경계선 문제가 마찰의 원인이 되었다. 바로 여기가 키릴이 비잔틴교회 선교사로 파송받아 간 모라비아 지방이다. 이에 대한 정치적 협상과 조정의 필요를 느낀 키릴과 메토디우스가 이 문제를 가지고 로마에 갔다.[29]

마침 교황 니콜라우스 1세가 사망하고 하드리아누스 2세가 867년 11월 13일 동서 교회의 경계선 문제를 처리하게 되었다. 그리고 키릴과 메토디우스의 모라비아 선교 사업의 합법성과 슬라브어 예전 사용이 허락되었다.

869년 2월 4일 키릴의 사망 후, 교황은 메토디우스를 시르미움(Sirmium)의 대감독과 교황의 특사로 임명하여 모라비아와 판노니아(Pannonia) 등의 슬라브 지역을 관장하는 특권을 주었다. 그러나 얼마 후 메토디우스는 잘츠부르크 대감독의 관할권을 침해했다는 혐의로 체포되어 투옥되었다. 그리고 3년 후 교황 요한 8세에 의해 풀려난 메토디우스는 이 지역의 새로운 군주 스바토플루크(Svatopluk)가 영토를 작센(Saxony), 갈리시아(Galicia), 실레지아(Silesia)로 확대하자 그곳에 교회를 세웠다.

모라비아 지방에는 키릴과 메토디우스에 의해 복음이 뿌리를 내렸다. 이 지역 문화는 비잔틴 문화와 라틴 문화가 혼합된 독특한 문화적 전통을 가지고 있다. 키릴과 메토디우스에 의해

---

28) Ibid.
29) Ibid., 103.

모라비아 지역에 뿌려진 복음의 씨앗은 9세기말에 가서야 불가리아라는 토양에서 슬라브적인 특성이 가장 명확하게 살아 있는 기독교 문화의 꽃을 피웠다.

이어 A.D. 884년에는 불가리아 황제 보리스가 세례를 받았다. 시몬(Simon, 893-927) 황제의 치세 기간에 슬라브 그리스도교 문학이 활발하게 일어났으며, 이것은 비잔틴 문화에 기초하고 있으면서도 새로운 형태의 슬라브 문화가 발생한 것을 의미한다. 지금의 유고슬라비아, 러시아, 루마니아의 일부에 해당하는 슬라브 문화는 이렇게 불가리아에서 일어난 것이다. 1018년 콘스탄티노플의 황제 바실리우스(Basilius)에 의해 불가리아는 망했지만, 키릴과 메토디우스가 뿌려 놓은 슬라브 문화의 씨앗에서 자란 나무는 톨스토이, 도스토예프스키 같은 위대한 열매를 거두게 되었다.

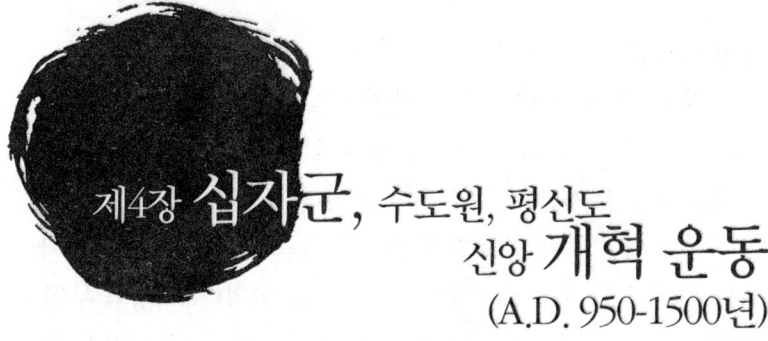

제4장 십자군, 수도원, 평신도 신앙 개혁 운동
(A.D. 950-1500년)

시대적 특성

라투렛의 선교 역사 시대 구분에 의한 제3기는 A.D. 950-1500년으로서, 이 시대의 특성을 라투렛은 "재기(resurgence), 진보(advance), 그리고 부패(corruption)의 시대"라고 하였다. 또한 이 시기는 기독교 종말 사상이 강하게 지배하고 있었던 시대로서, A.D. 1000년에 세상의 종말이 온다고 해서 기독교 세계 전역에 공포와 불안과 긴장이 광범위하게 확산되고 있었다. 종말을 준비하며 조심스럽게 살아가야 한다는 경건한 신앙을 소유한 소수의 무리가 있었는가 하면, 대다수는 자포자기의 방탕한 생활로 가산을 탕진해 버리기도 했다.

6세기의 디오니시우스 엑시구스(Dionysius Exiguus)의 계산에 의하면, A.D. 900년대는 지구 역사가 막 종말에 가까이 다가가고 있는 시기다. 세계의 종말에 앞서 대환란이 오는데, 이 때 과거 세상에서는 상상하지도 못했던 두렵고 끔찍스런 재앙

들이 나타난다고 했다.[1]

그리고 그 후에 마지막 심판이 온다고 했다. 그런데 막상 A.D. 1000년이 되어도 그러한 일은 일어나지 않았다. 오히려 세상 역사는 무기한 계속될 것만 같았다.

이제 유럽은 중세 암흑기의 캄캄한 밤을 보내고 서서히 밝아오는 새벽녘을 기다리는 시기에 들어가고 있었다. 여행과 무역, 예술의 추구, 아름다운 건축 양식의 개발, 새로운 언어의 발전, 지리상의 발견의 시도와 군사적 확장, 그리고 신학 사상의 발달된 체계 속에 나타나게 될 내적 탄력성이 이 기간에 서서히 배양되고 있었다.[2]

지리적 확장

로마는 이 시기에 이미 세계 기독교의 중심지가 되어 있었다. 그리고 덴마크는 독일로부터 선교를 받은 후 기독교 국가로 개종되었다. 노르웨이는 10세기에 영국으로부터 기독교를 받아들였다. 용감한 노르만의 왕자 학콘(Haakon)과 올라프(Olav)가 기독교를 받아들이도록 했던 것이다. 동시에 그는 지금까지 그들이 섬겨오던 오딘(Odin, 군신)과 토르(Thor, 우레의 신)를 섬기는 것을 금지하였다. 그리고 거대한 우상들을 파괴하면서 열심

---

[1] Neill, 98. 디오니시우스 엑시구스가 처음으로 그리스도가 탄생한 해를 중심으로 B.C.와 A.D.의 분기점으로 계산하였다. 그리고 또한 A.D. 1000년을 지구 역사의 종말로 보았다.
[2] Ibid.

히 기독교를 전도하였다.

한편 지리적으로 고립되어 있었고 자연환경이 매우 척박한 상태에 있던 스칸디나비아는, A.D. 1000년이 되어서도 그들의 문화와 전통은 세계의 어느 문화와 다를 바 없다 할 정도로 문화적 후진국이었다. 이들 문화의 핵을 이루는 것은 전쟁 기술이었고 다른 모든 문화는 이 전쟁 기술에 종속된 것이었다.[3] 이 무렵 아일랜드는 유럽 복음 선교의 중심지가 되었으며 스코틀랜드와 영국도 복음의 열기가 대단하던 시기였다.

그런데 아일랜드는 스칸디나비아로부터 내려오는 해적 바이킹의 침입으로 피해가 가장 컸던 곳이었다. 북쪽 야만족 바이킹의 공격은 이 나라에서 가장 부유한 교회와 수도원을 그 목표로 삼았다. 클론먹노이즈(Clonmacnoise) 대수도원이 파괴되었으며, 851년에 노르웨이 왕 올라프는 아일랜드의 수도 더블린(Dublin)에 이교도 왕국을 세우고 예언자인 자신의 아내를 아일랜드의 왕위에 즉위시키기에 이른다.[4] 그리하여 아일랜드는 이후 약 3세기 동안 기독교가 아닌 이교도 왕국이 지속되었다.

덴마크에 근거를 둔 노르만족은 매우 용맹스럽고 거칠어서 이들의 대원정대가 해마다 서유럽 전체를 조직적으로 파괴해 나갔다. 그들은 네덜란드, 북프랑스, 알프스 산맥을 넘어 남부 이탈리아와 시칠리아 섬까지 정복하였다. 이들의 황제 프레데릭 2세 때는 그리스, 이슬람, 라틴 문명이 복합된 높은 문명을 과시하기도 했다.[5]

---

3) Ibid., 99.
4) Ibid., 100.
5) Ibid., 101.

영국에서는 앨프레드(Alfred) 왕에 의해 덴마크인들의 침입이 중지되었고, 북프랑스에서는 911년에 생클레르쉬레프트에서 샤를(Charles) 대제와 바이킹 수령 롤로(Rollo) 사이에 협정이 체결된 후, 노르만족을 정규적인 중세 유럽 봉건 질서에 편입시키고 노르망디(Normandy) 반도에 정착게 하였다. 매우 거칠고 야만적인 근성을 가진 노르만족이 개종되는 데는 상당한 시간이 요구되었다. 이들의 본래 근거지였던 북구의 스칸디나비아의 복음 선교를 위해서 함부르크에 대감독 교구의 설치와 안스가르의 노력이 있었지만, 이들이 복음화되기까지는 3세기간의 긴 세월이 더 소요되었다. 그래서 A.D. 1200년에는 거의 모든 유럽인 가운데 적어도 명목상의 그리스도인이 아닌 사람은 거의 없었다.

새로운 문화와 종족에게 복음 확산

아이슬란드는 사람들이 거주하는 가장 변두리(주변) 문화에 해당하는 곳이다. 그래서 활력이 넘치는 독자적인 문화로 발전시킨 것이다. 주민들의 성격은, 노르웨이 바이킹들의 거칠고 무질서한 사회의 간섭을 피해 온 바이킹족의 일부이기 때문에, 거칠고 무질서한 성격이 아직도 남아 있었다. 그러므로 이들은 매우 민주적이고, 귀족적 위엄이 있고, 정열이 살아 있는 질서 정연한 사회를 선망했다. 그러다가 노력 끝에 그러한 민주주의 질서를 만들어내었다. 즉 아테네의 민주 정치가 역사의 어둠 속으로 사라진 이후, 지금까지 전해오고 있는 역사 가운데서 가장 오래된 민주주의적인 국회(Assembly)를 그들 스스로 시작한 것이다. 그들은 이것을 큰 긍지로 여기고 있다. 이 국회는 아름다운 팅벨리르(Thingvellir) 골짜기에서 처음 개최된 후 지금까지 1,000년을 계속 이어오고 있다. 이들이 사용하고 있는 언어도 매우 오래전부터 에다(Edda) 문자로 기록되어 사용되어 왔는데, 그것이 오랫동안 변화가 없기 때문에 오늘날의 초등학생도 1,000년 전의 문자와 말을 이해한다.

한편 이들은 기독교를 수용하는 과정도 매우 민주적이었다. 노르웨이 왕 올라프 트리그베쇤(Olav Tryggvesson)이 기독교 선교사를 아이슬란드에 파송했는데, 수용이냐 거부냐 양론을 놓고 격한 토론이 일어났다. 결국 문제의 해결을 현자에게 위임하기로 하였고 현자는 오랜 생각 끝에 새 종교는 좋은 종교라고 답변함으로써 기독교를 수용하였다.

그러나 아이슬란드는 기독교 복음이 들어간 후 1016년까지, 자기들이 과거에 섬기던 옛 신들에게 제사할 때는 죄에 대한 처벌을 경미하게 하는 것과 유아 살해, 말고기 먹는 습관은 계속 허용되었다.[6]

그린란드는, 노르웨이나 아이슬란드에서 추방당한 바이킹족 에리크(Erik the Red)가 서해안에 자리를 잡자, 사람들이 그의 주위에 모여들기 시작했다. 또한, 에리크의 아들 레이프(Leif)가 노르웨이 왕 올라프 트리그베쇤 통치 시대에 노르웨이에 와서 세례를 받고, 수도사 한 사람을 데리고 그린란드로 돌아왔다. 그리고 1123년 첫 번째 감독이 노르웨이에서 왔다. 감독은 이

---

6) C. Dawson, *The Making of Europe*, 280-282.

곳에서 제정일치의 절대권을 약 3세기간 행사해 나갔다.[7]

이에 반해 동쪽으로 흘러간 복음은 어떠했는가? 베니스의 상인인 마르코 폴로는 도미니칸 수도사들과 함께 실크로드를 타고 오랜 여행 끝에 중국에 도착했다. 그가 쓴 「동방 견문록」은 동방 세계에 대한 서구인들의 호기심을 더욱 불러일으키는 매우 효과적인 자료가 되었다.

중국은 당시 몽골족이 지배하고 있었다. 몽골족 통치자들은 기독교와 서양의 과학 문명에 매우 호감을 보였다. 원나라는 칭기즈칸에 의해 세계 대제국이 되었다. 서쪽으로는 아드리아 해의 카타로(Cattaro)에 도달했으며, 남쪽으로는 인도양까지 이르렀고, 동쪽으로는 태평양까지 이르는 세계 역사상 가장 넓은 영토를 점유한 대제국이 되었다. 그는 원래 무당(shaman)이었고 야만인으로서, 그가 조상으로부터 물려받은 문화적 유산은 활쏘기와 말 타는 것뿐이었다. 그러나 그는 종교의 중요성을 깨닫고 모든 종교는 존중되어야 하며 사제들에게는 경의를 표해야 한다고 생각했다. 그의 후계자 칸(왕을 의미)들은 모두 이 원칙을 준수했다.[8]

이 시기에는 또한 마르코 폴로와 같은 상인들에 의해 기독교 문물이 계속 중국으로 들어왔다. 그리고 원나라 왕실의 왕비들 중에는, 변방 지배 민족들 가운데 미색이 뛰어난 자들을 데려다 왕비로 삼은 자들도 끼어 있었다. 그런데 이들 중에 그리스도인들이 많이 있었다. 또 원나라의 조정 대신들 가운데서도 이미

---

7) Neill, 102.
8) Christopher Dawson, Ibid. "칭기즈칸의 종교적인 법칙과 존 로크(John Locke)의 종교적인 법칙들 사이에는 유사성이 있다고 한 기번(Gibbon)의 논평에는 일리가 있다."

그리스도인이 된 자들이 많았다.

그러나 원나라는 더 이상 세계 제패의 꿈을 추진해 가지 못하고 좌절당했다. 그 이유가 이슬람 때문이었다고 생각할 때, 원나라의 황실과 조정이 이슬람 때문에 성지(聖地)를 잃고 이를 회복하기 위해 전전긍긍하고 있는 기독교와 손을 잡은 일은, 이해하기 쉬운 일이었다. 기독교 쪽에서도 왜냐하면 이슬람에게 빼앗긴 성지와 영토를 되찾기 위해 원나라의 힘을 빌리고자 했던 것이다.[9]

십자군 운동

십자군 원정의 역사는 기독교 선교 역사상 남겨진 매우 부끄러운 오점이다. 십자군 운동은 엄밀한 의미에서 선교 운동이라고 볼 수는 없다. 그러나 결과적으로는 십자군 운동이 세계 문명 전체에 끼친 영향이 매우 크고, 또한 기독교가 세계화해 나가는 데 하나의 커다란 전환점이 되었다는 점에서 아무도 부인할 사람이 없을 것이다.

기독교 선교 역사의 시대 구분상 제3기를 950년부터 시작하는 이유가 여기에 있다. 십자군 운동은 그 후 400년간 계속되다가 1350년에 가서야 그만두게 된다. 이 십자군 운동으로 서구 기독교계가 정신적으로 단결하게 되었고, 동서 교통로가 열렸으며, 동서 교역 및 문화의 교류가 활발해졌고, 지리상의 발

---
9) Neill, Ibid.

견과 르네상스 정신이 열리는 계기가 되었다. 그리고 종교 개혁의 새 아침이 열렸으니, 십자군 운동 이후부터 1517년까지를 종교 개혁의 여명기라고 할 수 있다.

근본 동기

제1차 십자군 원정이 있기 전 약 30년 동안 서부 유럽은 계속적인 흉년으로 고생했다. 이러한 경제적 요인 외에, 이슬람에 의해 점령당한 예루살렘 성지의 탈환과 이슬람의 공격 앞에 풍전등화가 된 비잔틴 제국을 구해야 한다는 서구 유럽 기독교 국가들의 동지 의식에서 비롯되었다. 그리고 이러한 기회에 동서 교회로 갈라진 기독교 세계가 화목을 되찾고 하나의 세계 교회로 발돋움하는 계기로 삼고자 하는 것이 십자군 운동의 근본 동기였다.

십자군 운동의 경과

제1차 십자군 원정은 교황 우르반 2세의 호소에서 시작되었다. 광신적인 이슬람 교도들이 성지 예루살렘을 점령하고 그리스도인들을 박해하며 순례자들에게 많은 피해를 주고 있는 데 대해 이들을 격퇴하고 성지를 찾아야 한다는 것이 십자군 원정의 대의명분이었다.

1096년 11월에 프랑스의 클레르몽에서 열린 교회 회의 석상에서 교황 우르반은 "우리는 동쪽에 있는 우리의 형제 그리스도인들을 이단자들의 손아귀로부터 구원하여 주님의 사랑을 베풀고 또한 성지 예루살렘을 해방시켜야 한다"고 감동적으로 외쳤다. 이 설교를 들은 청중은 "*Deus Vult*"(하나님이 그것을 원하신다)라고 외치면서 성지 탈환의 의지와 새로운 감동에 휩싸여 예루살렘을 향해 진군하게 되었다. 그는 이 원정에 참여하는 모든 사람들에게 '십자군 원정 대사'를 약속했고, 이 원정에서 육신의 생명을 잃으면 그들에게는 영생을 약속할 수 있다고 했다. 또한 십자군 운동에 참여해서 목숨을 잃는 자들에게는 천국행을 특별 보장한다고 강조했다. 그리고 이 호소에 응한 사람들에게는 증표로서 십자가를 달아 주었다.

그러나 처음 출성했던 십자군은, 조직과 훈련이 미비한 데다 목적지까지 가는 도중에 유대인들을 살해하고 동료 그리스도인들끼리 약탈하는 등의 실수가 잇달았다. 그 후 조직이 보완된 십자군 부대가 1098년 6월에 안디옥을 점령했고, 이듬해 예루살렘을 탈환했다. 이때 로마는 예루살렘에 대감독을 임명했고, 몇몇 감독 교구들과 대주교 교구들을 신설했다. 그런데 십자군에 소속된 사람들은 순수한 신앙 동기에서 복음 선교를 나선 사람들이 아니기 때문에, 이들을 통해 이교도들이 개종하는 예는 거의 없었다. 십자군 운동을 선교적 운동으로 보지 않는 이유가 여기에 있다.

제2차 원정

시리아의 기독교 성지로 알려진 에데사가 1114년에 이교도들에게 함락당하자, 베르나르드에 의해 제2차 십자군 원정이 감행되었다. 그러나 이 원정은 실패로 끝났다. 원정 도중에 많은 사람들이 죽었고, 다마스쿠스 전투에서 남은 사람들도 참패하였다.

제3차 원정

이것은 제2차 원정의 실패를 만회하기 위해서 1189년에 일어났다. 3개 부대가 출발했는데 신성 로마 제국의 황제 프리드리히 1세(Friedrich Babarossa)와 프랑스의 교활한 왕 필리프 2세(Philippe Auguste) 그리고 사자의 심장이라는 별명을 가진 영국의 리처드 왕이었다. 신성 로마 제국의 황제 프리드리히 1세는 소아시아에서 죽었고, 남은 두 왕은 패권 장악으로 싸웠다. 이 원정은 아크레를 점령한 것 외에는 별 소득이 없이 끝났다.

제4차 원정

이 운동은 예루살렘 성지 탈환 의욕의 재기에서 1212년 교황 이노센트 3세의 주도로 일어났다. 이 원정에서 콘스탄티노플을 장악했고 거기에 라틴 대감독을 임명했다. 이것은 서방 교회가 동방 교회(그리스정교회)의 교세를 약화시키는 일대 재앙이 되었고, 비잔틴 제국은 1261년 콘스탄티노플을 자신들의 힘으로 다시 찾았으나, 라틴 국가는 수치스런 종말을 가져왔다.

십자군의 결과와 그 영향

십자군의 모토는 성전(聖戰, The Holy War)이었다. 그러나 그 과정과 결과는 그러한 정신과는 거리가 멀었고 비참하였다. 피로와 병으로 죽은 자가 부지기수였고, 전사자와 포로 된 자, 부상자 등이 많았으며, 성지 예루살렘도 일시 점령하였으나 다시 이교도들에게 빼앗겼다. 십자군 원정에서 죽은 자들, 포로 된 자, 병든 자, 부상자들이 너무 많아서 그 결과가 유럽 사회에 미친 영향은 엄청나게 컸다.

이것이 기사 계층의 붕괴로 직결되는 원인이 되었다. 기사 계급의 붕괴는 곧 봉건 사회의 붕괴를 의미한다. 십자군 원정이 유럽의 중세 봉건 사회를 무너뜨리고 근세 사회로 바꾸는 원인이 되었을 뿐 아니라, 동서양의 문물 교류에도 결과적으로는 기여한 셈이 되었다. 또한 십자군 원정에 참여하였던 사람들은 그리스와 사라센의 고대 문명을 접촉하게 되었고, 동양의 과학과 철학과 예술을 맛봄으로써 이를 유럽에 소개하여, 르네상스와 근대 과학 발전으로 연결하게 되었다.

한편 이 원정은 로마 가톨릭교회가 성경의 가르침에서 떠난 세상적인 방법을 쓰고 있는 잘못된 면을 보여주었다. "원수를 사랑하라", "칼을 쓰는 자는 칼로써 망하느니라" 등의 교훈을 외면한 채, 성경이 정죄하고 있는 그 방법으로 이 땅 위에 하나님 나라를 건설하고자 노력한 것이다. 로마 가톨릭교회는 정의를 위한 전쟁은 있을 수 있다는 이론을 전개하면서 "성전(聖戰)! 그것은 하나님이 원하시는 것"(Deus Vult! God wants it)이라고 했다.

이 원정으로 인해서 평신도 의식이 높아졌고, 성직자와 평신도의 관계가 활발해지고, 평신도들도 많은 지식을 얻는 계기가 되었다. 그러나 그 동기나 과정에서 볼 때 십자군 운동은 순수한 의미에서의 선교 운동은 아니다. 하지만 그 결과는 이교도 지역에 복음이 확산되는 계기가 되었다. 그리고 이 시기에 이슬람 교도들에게 복음을 전파하는 데 중요한 역할을 한 선교사 중에는 레이몽 룰(Raymond Lull, 1235-1315)이 있다.[10]

중심 인물

레이몽 룰

200년 동안 지속되었던 반선교적 성격을 지닌 십자군 원정(1095-1291)의 영향 때문에, 이슬람권을 향한 선교는 전진이 아니라 오히려 후퇴를 면치 못했다. 이것은 이슬람교도들을 개종시키자는 것이 아니고 기독교 세력권을 넓혀 나가자는 땅따먹기식의 수치스러운 기독교 확장 운동에 지나지 않았다. 이로 인해 이슬람교도들과 기독교도들 사이에 대화의 통로가 완전히 상실되었다. 이때 이슬람의 영혼들을 그리스도에게로 인도하기 위해 태어난 선교사가 레이몽 룰이다.[11]

룰은 1232년 지중해의 스페인령 발레아레스 군도 중 최대

---

10) 그의 생애에 대해서는 Samuel M. Zwemer, *Raymond Lull: First Missionary to the Moslems*(New York: Funk & Wagnalls, 1902); Riedlinger, Helmut, "Reimundus Lullus", in TRE 21, 500-506, Schimmel, "Annemarie, Raymundus Lullus und seine Auseinandersetzung mit dem Islam", in EHK 1953/54, 64-76; Charles H. Lohr, "Christianusarabicus, Cuiusnomen Raimundus Lullus" in FZPhTh31(1984), 58-88 참고.
11) Ibid.

섬인 마요르카(Mallorca) 섬에서 부유한 가톨릭 신자인 부모에게서 태어났다. 청년기에는 스페인에 가서 아라곤(Aragon) 왕의 신하로 봉사하다가 허랑방탕한 생활을 하였다. 즈웨머에 의하면, 아내와 아들이 있었음에도 룰은 첩을 거느리고 살았다.12)

그는 어려서부터 타고난 문학과 예술적인 재능을 30대 초반까지 죄악 된 생활을 하는 데 사용하였다. 어느 날 그가 음란한 노래를 작사하고 있는데, 환상 가운데 주님이 나타나셨다. 손과 발에 피를 흘리시면서 그에게 나타나 그의 죄를 책망하셨다. 그러나 그는 여전히 죄를 짓고 있었다. 환상이 여러 번 나타나자 드디어 회개하고 재산과 삶의 특권을 포기하고 선교사로 봉사하기로 하나님 앞에 헌신하였다.13)

룰은 1311년 파리에서 카르투시아 교단의 수도사들과 함께, 79세의 노구에도 불구하고 자신의 긴 일대기를 설명하였다. 그때 청중 가운데 한 사람이 그의 허락을 얻어 메모한 것이 라틴어로 된 짧은 전기가 되어 전해져 오는데, 이것은 룰에 대한 가장 신빙성 있는 문헌이 되었다. 이 짧은 전기 내용은 룰의 회심부터 그의 자전적 진술(1311)까지 쓰여 있다.14) 룰은 총 5회의 환상을 보았는데, 세 번째 환상에서는 선교의 비전을 강하게 받았다. 이 비전은 그가 쓴 「사랑의 나무」(The Tree of Love)에 잘

---

12) Samuel M. Zwemer, *Raymond Lull: First Missionary to the Moslems*(New York: Funk & Wagnalls, 1902), 26.
13) Zwemer, 34-36.
14) *Vita beati Raymundi Lull*. Platzeck, Erhard-W.(Hg.). Die "Vita coetanea" und ausgewaehlte Text zum Leben Lulls aus Seinen werken und Zeitdokumenten Düsseldorf, 1964.

표현되어 있다.15)

1264년 그의 나이가 32세 되던 해부터 룰은 이슬람과 유대인, 그리고 다른 이방인들에게 선교하고자 하는 관심을 가지기 시작하였다. 그래서 아랍어와 이슬람의 종교 및 철학을 공부하기 시작했다. 그는 모든 불신자들의 오류에 반대하는 최고의 책을 저술해서 회심시키는 데 놀라운 힘을 발휘해 보고자 했다.16)

그 당시 십자군 전쟁이 아직 끝나지 않은 때라서, 수많은 기사들이 칼과 창으로 성지를 찾겠다고 했지만, 룰은 이것은 결국 파괴만 불러올 따름이라고 생각했다. "나는 성지 회복은 사랑과 기도의 무기를 가지고 눈물과 피를 쏟아 부음으로써만 가능하다고 믿습니다."17) 이것이 이슬람 교도들을 향한 룰의 선교적 정신이었다.

그는 부유한 자신의 모든 소유를 가족 생계 유지비만 제외하고 모두 가난한 사람들에게 나누어 준 후에, 당대 최고 신학 교육 기관인 파리대학으로 공부하러 떠났다. 그는 아랍어와 문학을 집중적으로 공부하기 위해 아랍 노예 한 사람을 고용하였다. 그런데 그를 기독교 신앙으로 개종시키고자 노력하다가 그 노예가 룰을 살해하려고 하였다. 그리고 살해 시도에 실패한 노예는 자살하고 말았다.18)

---

15) Ruth A. Tucker, *From Jerusalem to Irianjaya: A Biographical History of Christian Mission*(Grand Rapids: Zondervan, 1983), 박해근 역, 「선교사 열전」(서울: 크리스챤다이제스트, 1990), 61.
16) *Vita* 6장.
17) Zwemer, 52-53.
18) *Vita* 11장.

룰의 선교 전략은 세 가지였다. ① 변증적으로 전할 것, ② 교육을 시킬 것, ③ 복음주의적으로 사역할 것. 그는 변증법을 깊이 연구하여 기독교 진리를 논리적으로 이교도들에게 증거할 수 있는 방법을 계발하고, 선교 학교를 세워서 이슬람교도들에게 강의하였다. 이슬람교에 대한 룰의 기독교 변증은 이슬람 선교 사역에 지대한 공헌을 하였다.

그가 이슬람 지식인들을 위해 쓴 신학 서적은 60권이 넘는다.[19] 그중 1274년부터 1276년까지 3년간 쓴 책이 「한 이교도와 세 현자에 대한 책」(*Liber de gentil et tribus sapientibus*)인데, 이것은 아랍어와 카탈로니아어로 기술되었다. 그 내용은, 몽골인 이교도가 무종교인으로 자연의 빛을 따라 살았는데, 늙어 노쇠하여 죽음을 생각하다가 슬픔에 젖어 영적인 위로와 기쁨을 발견하려고 길을 떠나 도중에 유대교, 기독교, 이슬람교를 대표하는 세 현자를 만난 이야기다. 그는 또 1274년에 「진리를 발견하는 간략한 기술」(*Ars compendiosa inveniendi veritatena*)」을 쓰고 30년이 넘도록 개정 작업을 쉬지 않았다.[20]

룰이 말하는 기술(ars)은 구체적인 지식에 대한 백과사전 형식의 체계가 아니라, 알 만한 것으로부터 추상화한 조직 체계이다. 이러한 조직 체계는 일반적 개념(principia)을 수학적인 논리 형식을 통해 도출하여 연결시킴으로써 상징적인 기능을 갖는 철자들과 도형들의 도움으로 모양을 갖추는 것이다.[21]

---

19) Zwemer, 63-64.
20) *Ars demonstrativa*(1283), *Ars inventive veritatics*(1290), *Ars generalis ultima*(1305).
21) *Vita* 14장, "Dominus ullustravit mentem suam dans eidem for mam et modum faciendi librum."

자신의 '기술'을 이슬람 세계에 시험해 보려고 했던 룰의 첫 번째 시도는 실패로 돌아갔다.[22] 그는 여러 지역을 방문하고 여행하면서 교회와 정치 지도자들에게 자기가 콜럼바의 선교 방식을 따르는 수도원을 세워서 복음 전하기를 원한다고 하며 후원을 요청하였다. 그러다가 스페인 왕 제임스 2세가 이에 대해서 후한 재정 지원을 해주었다. 그래서 룰은 13명의 프란시스칸 학생들에게 시작한 미라마르(Miramar)에서「선교 지리학」(*Geography of Missions*)과 아랍어 과정을 가르치는 선교 학교를 1276년에 시작할 수 있었다.

룰의 꿈은, 콜럼바가 아이오나 섬에 세웠던 것처럼, 유럽을 위한 선교사 훈련 센터를 설립하는 것이었다. 이를 위해 그는 1292년 튀니지로 떠나기 전에 교황 니콜라우스 4세에게 청원서를 제출하였다.[23] 교황과 추기경들은 그의 선교 사역 확장과 이슬람교도들과의 평화 유지에는 동감했으나, 룰의 꿈이 너무 무모한 것이라 생각하였다. 그러나 룰은 굴하지 않고 계속 애쓴 결과, 드디어 선교사 훈련 학교를 설립하였다. 룰은 다시 선교 지역인 튀니지로 갔다. 거기서 이슬람 학자들과 교리적인 토론이 벌어졌다. 여기서 룰은 그의 선교 방법을 시험해 볼 수 있는 기회를 맞이하였다. 그는 정통성과 복음의 핵심, 중세의 신학, 로마 가톨릭 교리의 핵심 등에 초점을 맞추어 토론을 전개해 나갔다.

1311년에 비엔나 공의회가 열렸을 때 룰은 이 회의에서 다

---

22) *Vita* 20-25상에 상세한 내용이 있음.
23) Platzeck, E-W, op. cit., 93-97.

음과 같은 자신의 계획을 소개하였다. ① 선교사들을 위한 중심 교육 기관을 설립할 것, ② 이슬람과의 지속적인 전쟁을 위해 기사단을 강화할 것, ③ 서양 대학에 만연해 가고 있는 아베로이름에 대한 투쟁을 전개할 것.

이 3가지 제안을 받아들인 공의회는 유럽의 각 대학(로마, 파리, 볼로냐, 옥스포드, 살라만카)에 히브리어, 헬라어, 아랍어 등 동양 언어 학위 과정을 신설토록 하였다. 그는 강의와 자신의 저술 활동을 위해 파리대학을 자주 방문하였고 유럽의 여러 도시들을 순회하였다. 또한 선교사로서 고향인 마요르카와 나폴리, 사이프러스와 시칠리아에서 활동을 계속하였다.

1314년에 룰은 마지막으로 북아프리카를 방문하였다. 그것은 아라곤과 좋은 관계에 있는 튀니지로의 여행이었으나, 튀니지에서 부기아로 향하는 도중 돌에 맞아 죽게 되었다. 동양인에 의해 반쯤 죽은 상태의 몸을 마요르카로 향하는 배 위에 실었으나, 심한 상처로 인해 도중에 하늘나라로 가고 말았다. 그의 묘비는 마요르카에 있는 성 프란체스코 성당에 남아 있다.

베네딕트

수도원 제도와 더불어 매우 중요한 인물인 카시오도루스나 에이레의 수도사들보다도 훨씬 더 큰 영향을 끼친 사람은, 누르시아의 베네딕트였다. 그도 역시 카시오도루스와 같이 이탈리아 사람이었으며 그와 동시대 사람이었다.

베네딕트는 480년경 로마 북쪽의 누르시아에서 출생했다. 청년기에는 공부하려고 로마에 갔으나 학구적인 생활에 취미를 느끼지 못하고, 다만 그 도시의 죄악상과 천박성에 환멸을 느낀 나머지 15살부터 은둔 생활을 시작했다. 은둔 생활에 있어서 명성을 얻기 시작하자 가까이 있는 수도원 수도사들이 그를 수도원장으로 추대하였으나, 그는 강하게 거부하고 다시 독자적인 은둔 생활을 계속하였다.

그러자 수많은 영적인 사람들이 그에게 찾아와 그의 은둔처에서 훈련을 받게 되었다. 결국 그는 528년경 로마의 동편 계곡에 12개의 수도원을 세우고 12명의 수도사를 파견하여 지도하게 하였다. 528년경 베네딕트의 나이 50살이 되었을 때, 나폴리와 로마 중간에 있는 몬테카시노 산으로 옮겨간 후, 거기서 높이 우뚝 솟아 있던 아폴로 태양신 신전을 헐어버리고 그 정상에다 수도원을 지었다(오늘날 바티칸 성 베드로 성전이 이 장소에 세워져 있다). 그 수도원은 계속 발전하여 당시 평신도였던 그에게 감독들과 사제들 그리고 평신도들이 찾아와 영적 훈련을 받았다.

베네딕트는 그의 수도원에다 엄한 규칙을 만들어 줌으로써 큰 공헌을 했는데, 규칙을 만들 때 카이사리아의 바실리우스, 요한 카시아누스 등으로부터 조언을 받아 그 규칙을 고안했다. 그러나 그가 수도사와 수도원장으로서 경험이 많기 때문에 그 자신도 어느 정도 독창적인 규칙을 만들 수 있었다.

베네딕트 수도원의 규칙을 요약하면 다음과 같다.

(1) 수도원은 자기 충족적이어야 하며, 자체에 농토와 작업장을 가지고 자급자족해야 한다.
(2) 수도원은 전체 회중이 뽑은 수도원장이 다스리며, 그가 완

전한 권위를 행사해야 하지만 궁극적으로는 하나님 앞에서 모든 것에 대해 책임을 진다.

(3) 수도원의 다른 직책들에는 부수도원장, 10명의 수도사에게 사제장 한 사람, 식료품 보관인, 수련생 반장, 운반인이 있다.

(4) 수도사들은 1년간의 예비 수련 기간을 위해 먼저 입원한다. 그 후에는 그들의 결정을 변경할 수 없다. 그리고 들어올 때는 모든 재산을 가난한 사람들에게 나누어 주거나 수도원에 바쳐서 사유 재산을 완전히 정리해야 한다. 아무리 많은 재물을 바쳤다 하더라도 바친 자가 특별한 권리를 기대할 수는 없다. 이것은 일종의 기독교 공산수의이다.

(5) 생활은 정연하나 지나치게 엄격하지는 않고, 입는 것과 먹는 것은 검소하며, 병자와 노인과 어린아이와 중노동하는 사람들을 위해서는 특별한 도움을 준다. 수도원 내의 모든 사람은 규칙적으로 금식하지만 극단적인 고행주의자들은 아니다. 이들은 여러 덕목 중에서 겸손에 많은 비중을 두었으며 명상과 개인 기도 시간, 침묵 등이 권장되고 농담과 소리 없이 웃는 것은 합당치 않게 여겼다.

(6) 징계는 사사로운 책망부터 시작해서 육체적 형벌, 파문, 최후 수단인 추방까지 할 수 있다. 태만은 영혼의 원수라고 선언한다.

(7) 예배는 3시간마다 한 번씩 드린다. 즉 하루 8회의 개인 예배와 전체 공동 예배를 1회 드리며, 예배에 필요한 지침은 낭송시, 주해시, 구약과 신약 낭독, 찬송가, 주기도, 영광의 찬가, 기도서, 그리고 성가인 베네딕트 송 등이 있다.

이러한 베네딕트 수도원의 규칙은 서구 신앙 세계의 표준이 되었는데 그것은 아마 그 본질적 가치 때문이었을 것이다. 그리고 베네딕트 수도원들이 막대한 재산 증여를 받게 되자 수도원의 삶은 안일해졌고 결국 비판도 받게 되었다.

베르노

A.D. 500년부터 950년 사이에 서부 유럽에서 기독교 선교가 후진 상태로부터 회복된 것은 수도원 운동을 통해서이며, 이 기간의 수도원 운동은 과거의 어느 때보다 그 형태가 다양했다. 이 수도원 운동은 13세기에 이르러 절정에 도달했다.

그러나 9세기 후반기와 10세기 전반기에 이르렀을 때 수도원의 영적 상태는 저조한 수준으로 떨어졌다. 클뤼니의 수도원 운동은 이러한 영적 침체를 개혁하고자 시작되었는데, 부르군디(부르고뉴) 사람 베르노에 의해 리용 시의 북쪽으로부터 시작되었다. 이러한 운동들은 대개 그들의 영혼이 구원을 받으려면 수도의 길을 밟아야 한다는 신념에 가득 차 있었다. 수도원의 삶은 하늘나라를 얻기 위해 땅 위에 있는 자신들을 부정함으로 출발하였다.

이 클뤼니 수도원 운동의 일반적인 특징을 살펴 보면 다음과 같다.

(1) 약 2세기 반 동안 현저한 헌신적인 수도원장들이 배출되었다.

(2) 수도원의 외형적인 확대는 가장 괄목할 만하다. 제5대 원

장인 오딜로 밑에서 50년 동안 늘어난 클뤼니 수도원들의 수는 37개에서 69개로 늘어났으며, 12세기에 이르러서는 300개가 넘었다.

(3) 클뤼니의 개혁 운동은 수도원 중심의 운동이 되었다. 곧 클뤼니 수도원 운동은 프란시스칸회, 도미니칸회, 예수회의 선구자가 되었다.

(4) 이 운동은 이론상 베네딕트회의 규칙을 전부 고수했으나, 실질상으로는 베네딕트회 규칙의 일부를 변경하여 집단적 예배를 제외하고는 침묵을 강조했고, 밭일과 같은 노동은 농노들에게 맡겼고 수도사들은 오직 기도에만 전념했다.

(5) 클뤼니 수도원 교회들은 대형 교회가 많았다. 특히 클뤼니 대성당은 11세기에 시작해서 12세기 상반기에 착공하였고 교황에 의해 봉헌되었는데, 당시 서부 유럽에서 가장 큰 교회였다.

로베르

클뤼니 수도원이 차차 비대하여지고 클뤼니의 운동이 인기가 올라갈수록 수도사들은 증여를 통해 부를 축적해 가면서, 영적 열심이 식어지고 영감 없는 생활에 빠져들어갔다. 이때 또 하나의 새로운 운동이 나타났다. 그중 가장 두드러진 것은 베네딕트회 수도사 중 로베르가 시작하여 베르나르드가 중흥시킨 시토 수도회(Cistercian) 운동이었다.

일반적으로 이 운동의 추종자들은 베네딕트회의 규칙을 고수했으나, 그 결과 구별되는 특징은 다음의 5가지이다.

(1) 관례적인 검은 옷 대신 흰색의 옷을 착용했기 때문에 흔히 이들을 백의 수사들이라고 불렀다.

(2) 이들은 엄격한 청빈의 규칙을 지키려 했다.

(3) 이들의 중심지는 도시 근처에 있지 않았고 주택가에서 멀리 떨어진 곳에 위치했다.

(4) 이들은 예배 의식에 소요되는 시간을 단축했다.

(5) 모든 수도원들을 하나의 통합된 종단, 곧 그러한 종류 가운데 최초의 것으로서 타 종단을 결합시켰다.

탁발수도회

서부 유럽에서는 13세기에 접어들면서 새로운 형태의 수도원 운동이 나타나기 시작했다. 그중에 가장 대표적인 것이 탁발수도회의 출현이다. 탁발수도회란 흔히 4개의 수도회, 곧 프란시스 수도회, 도미니크 수도회, 카르멜 수도회, 및 어거스틴 수도회이다. 그들은 모두 빈곤, 자선, 복종 및 공동생활이라는 수도 생활과 이념에다가 그들의 교제권 밖에 있는 사람들에 대한 전도를 결합시켰다. 특히 가장 큰 두 집단인 프란시스 수도회와 도미니크 수도회에 있어서 그러했으며, 오늘날까지 이 두 수도회는 '로마 가톨릭적인 신앙 형태'를 전 세계적으로 확장시키는 세계 선교에 있어 주도적인 역할을 해왔다.

탁발수도사들이 많은 힘을 기울였던 목적은 도시에 살고 있는 대중의 종교 생활을 깊게 해주기 위해서였다. 초기 수도사들이 세상의 오염으로부터 멀리 떨어져 은거했던 것과는 대조적으로, 이들 탁발수도사들은 인간들이 집결해서 사는 도시와 도시 문화의 발전으로 영혼의 갈구를 필요로 하는 주거 지역에 복음을 전하려고 노력했다.

(1) 프란시스 수도회: 탁발수도회 가운데 가장 큰 단체로서 공식적으로는 '작은 형제들의 수도회'라고 불렀지만, 통속적으로는 프란시스 수도회로 알려졌었다. 그것은 아시시의 프란시스에 의해 시작되었고 그의 이념에 의해 발전되었기 때문이다. 프란시스는 기독교 역사상 위대한 인물들 가운데 한 사람으로, 1182년 아시시에서 태어났고, 별로 정규 교육을 받지 못했으나 라틴어와 프랑스어를 알았다. 그는 늦은 청년기에 영적 방황과 신병과 절망에 의한 내적 투쟁의 결과로 개종하여, 프란시스 수도회를 일으켰다. 프란시스 수도회의 일반적인 양상은 다음과 같이 요약할 수 있다.

① 예수님의 명령에 절대 복종하는 것을 규칙으로 삼았다. 곧 모든 것을 팔아서 빈자들을 도와주며 지팡이나 양식이나 돈이나 갈아입을 의복 없이 세상에 나아가 하나님의 왕국을 전파하되, 둘씩 짝지어 맨발로 다니며 전도했고, 특히 병든 자를 이적으로 고치며 문둥병자를 도와주며 농민들의 밭일도 도왔다.
② 그들은 명백한 진실성, 박해 아래에서의 기쁨, 빈곤을 아내처럼 삼고 지조를 중요시하는 등 일반인에게 깊은 인상을 주었다.
③ 그들은 겸손했으며 제도화된 교회 당국에 복종했다. 그들은 전도했을 뿐 아니라 노래도 불렀는데 그것은 시인의 영혼을 가졌던 프란시스가 즉석에서 지은 노래들이다. 유명했던 것은

"피조물의 찬가"였다. 주로 하나님께 대한 찬양, 회개, 관용과 용서, 원수들에 대한 사랑, 겸손 등이었다.

④ 프란시스는 열렬한 선교 정신을 실천에 옮겼다. 프란시스 이후, 1227-1232년까지 후계 성직자인 요한 파렌티는 설립자인 프란시스와 사상 신조가 일치하는 수도회를 이끌어 갔다. 그 후 후임자로 엄격한 종단의 규칙을 이탈하여 이끌어 간 엘리아스가 나왔고, 그 다음 1247년 파르마의 요한, 그 다음 10년 후에는 철학자요 신비가이며 최고의 천사 같은 보나벤투라 등에 의해 계승되었다.

(2) 도미니크 수도회는 공식적으로는 '전도자들의 수도회'라고 했는데, 프란시스 수도회와 같이 13세기 초엽에 도미니크라는 사람에 의해 창시되었다. 도미니크는 A.D. 1170년 경 카스티야에서 태어났다. 그는 청년기에는 스페인의 성당 학교의 학생으로 있었으나, 나중에 어거스틴 수도회의 회원이 되었으며 다음에는 부회장으로 승격했다. 그는 겸손해서 두 차례나 감독직을 사양했다. 자신에 대해 엄격한 고행주의자로서, 기도에 많은 시간을 바쳤으며, 온유하면서도 항상 기쁜 인상을 주었다. 이 수도회는 프란시스 수도회와 비록 많은 면에서 유사했지만 차이를 보여 주는 것들도 있으니 그것들을 열거하면 다음과 같다.

① 도미니크 수도회는 처음부터 전도하는 일뿐 아니라 가르침과 연구에도 헌신했다. 토마스 아퀴나스 같은 대학자가 이들 가운데서 배출되었다는 것은 우연한 일이 아니다.

② 도미니크 수도회도 빈곤에 몸을 바쳤으나, 프란시스 수도

회처럼 세상 물질에서 완전히 손을 떼어야 한다는 이념을 되새기지는 않았다. 특히 도미니크 수도회는 몇몇 예외를 제외하고 그 단원들을 귀족 계급에서 뽑는 경향이 있었다.

③ 이 수도회는 '작은 형제들'과 달리 폭발적인 성격은 없었다.

④ 프란시스 수도회가 소박하고 단순한 마음으로 절대적 빈곤의 삶을 통해 자기 희생적 사랑을 보여줌으로써 청중의 도덕적 회심을 모색했던 것과는 달리, 도미니크 수도회는 훈련받은 지식과 사상의 기능을 다해 무지와 오류를 극복해 보려고 애썼다.

평신도 신앙 개혁 운동

왈도파

프랑스 리옹의 부유한 상인 피터 왈도는 인생의 무상함에 번민한 나머지 신학자에게 천국 가는 길을 물었다. 신학자의 대답이 "네가 온전하고자 할진대 가서 네 소유를 팔아 가난한 자들을 주라"(마 19:21)는 것이었고, 왈도는 1176년 그 명령을 단호하게 준행했다.

그는 그리스도와 같은 외모를 하고 전대를 가지지 않은 채 도시와 시골에서 전도했다. 얼마 후에 문하생들이 그에게 몰려들었고, 그들은 자신들을 '심령이 가난한 사람들'이라고 불렀다. 그러나 계속적인 전도 운동에서 그들은 공교회로부터 여러 가지 제약과 방해를 받았다. 그리고 제3차 라테란 공의회의 인정을 받으려고 청원했지만 거절당했다. 그들이 이런 교회 갱신 활동을 계속하자, 교황은 1184년 그들을 이단으로 파문했다. 그들의 일반적인 활동과 사상을 요약하면 다음과 같다.

(1) 교의와 실천 면에서 신약성경과 일치하려고 했다(옷과 맨발, 음식과 두 사람씩 짝을 짓는 것까지도 성경대로 했다).

(2) 그들은 교황이나 감독의 말을 거부했고 로마 교회를 부패한 교회라고 가르쳤다.

(3) 그들은 여자와 평신도도 전도할 수 있고 평신도에게 고해하는 일도 허용했으며, 성만찬 집례도 평신도가 하는 것을 허용했다.

(4) 그들은 알아들을 수 없는 라틴어로 기도하는 것을 비판했으며, 사망자를 위한 미사와 기도는 근거가 없고, 연옥은 이 세상의 고통이며, 형식적으로 하루에 일곱 번의 기도 시간을 지키는 것과 의식적인 교회 음악을 비웃었다.

(5) 그들은 사도처럼 생활하는 사제들과 감독들은 존경하며 복종할 수 있지만, 그렇지 못한 감독과 사제들의 성례전과 말과 행동은 전부 무시했다.

(6) 그들은 "거짓말은 죽음에 해당하는 죄이며, 법정에서 하는 맹세도 그리스도의 명을 어기는 것이고, 사람의 목숨을 뺏는 자는 하나님의 법을 어긴 자"라고 했다.

대체로 왈도파 사람들은 단순하고 겸허한 무리였다. 그러나 가톨릭교회와 정부(시) 당국은 그들을 이단자로 낙인을 찍었다.

카타르파

이 운동자들은 왈도파보다도 더 강경하게 기성 교회의 신앙을 부정했다. 그들의 세력은 역시 12세기에 스페인 북부, 프랑스 남부 및 이탈리아 북부에서 번영했다. 이 당시 사회적으로 가톨릭교회는 매우 부패하여 사람들의 존경을 잃었는데, 어떤 성직자들은 추잡한 책들을 발행했고 더러운 노래를 교회에서 부르게 했으며 사치를 사랑했고 무식했고 게을렀고 세속적이었으며 성직 매매와 축첩을 자행했다. 이러한 요인 때문에 높은 도덕적 호소력과 실천성을 가진 이 운동이 쉽게 많은 청중의 호응을 얻었다.

카타르파도 이러한 요인에 의해 일어난 집단인데 이들의 운동은 그 성격상 반교회적 운동이었다. 그들의 교의와 신앙 자세를 살펴보면 대개 다음과 같이 요약된다.

(1) 한마디로 이원론자들이다. 이 세상에는 하나는 선하고 다른 하나는 악한 두 개의 영원한 세력이 있으며, 보이는 세계는 악한 세력에 의해서, 보이지 않는 영적 세계는 선한 세력에 의해서 창조되었다고 믿었다.

(2) 이들은 구약성서의 일부가 악마의 조작이라고 주장하면서 배격했고, 신약성서만을 모두 강조했으며 특히 요한복음을 중요시했다.

(3) 이들은 세상 교회에는 예수 그리스도의 선한 교회와 로마 가톨릭과 같은 악한 교회가 있다고 주장하면서 로마 가톨릭교회의 훈련과 법과 성례전을 무시했다.

(4) 카타르파에는 신앙상 두 등급이 있었다. 하나는 '완전자'라고 일컫는데 이들은 일종의 영적 세례를 받아 죄사함과 선한 능력의 나라로 들어가는 특전을 누리는 사람들이었으며, 육체의 순결한 상태를 그대로 지켜야 했다. 즉 미혼자는 독신으로, 기혼자는 이혼으로 그 순결을 지켜야 했고, 육류나 우유나 달걀은 금했고, 전쟁 가담이나 재산 소유도 금했다. 또 한 무리의 사람들은 '신앙자'로 일컬어지는데, 이들은 결혼을 할 수 있고, 재산 소유도 할 수 있고, 겉으로는 로마 가톨릭교회의 신도로 남아 있어 성례에도 참여할 수 있었다. 이들은 구원의 단계가 늦거나 불치의 병이 들 때까지 연기될지 몰라도, '위로'를 통해 구원을 내다보았다.

(5) 이들은 영혼의 윤회를 믿었으며, 그리스도는 타락한 사람들을 구속해서 그들의 창조주께 인도하러 오셨다고 했다.

(6) 이들은 단순한 형식의 예배를 드렸으며, 아무런 교회 건물도 가지지 않았고, 성경을 읽고, 빵과 생선과 포도주를 손에 들고 축사한 후 신도들에게 나누어 주었으며, 소위 사회를 맡은 '상위자'(上位者)는 참여자들이 먹기에 앞서 그들의 발을 씻어 주었다.

(7) 조직 면에서 볼 때 '완전자'들은 가톨릭교회의 성직자들에 해당되었다. 그들은 이러한 조직을 이끌어 가기 위해 '상위자들', '장로들'이었던 것으로 알려졌다. 그러나 포괄적인 교회 구조는 없었던 것 같다.

제5장 종교 개혁기의 세계 선교

로마 가톨릭의 세계 선교

 기독교는 비록 로마 가톨릭과 그리스정교회로 분리되긴 했어도, 로마 가톨릭 주도의 교세는 지금까지 세계에서 가장 오래되고 크고 영향력 있는 조직체로 나타나고 있다. 가톨릭의 교세는 신성 로마 제국 시대가 최전성기였다. 이때 로마 가톨릭교회는 유럽의 정치, 문화, 경제, 종교 등 사회 전반을 리드해 나가고 있었다.
 그러나 종교 개혁이 일어난 후부터 사정은 달라졌다. 유럽의 대다수 지역이 로마 가톨릭교회로부터 이탈해서 개신교 쪽으로 가버렸기 때문이다. 로마 가톨릭은 유럽에서 입은 손실을 아시아, 아프리카 신대륙에서 보상해 보려고 선교 활동에 전념했다.
 그런데 로마 가톨릭의 해외 선교 활동은 포르투갈과 스페인의 해외 정복 식민지 확장과 병행하게 된다. 이것은 역사상 로마 가톨릭이 십자군 원정 때 선교적 차원에서 원리적으로나 결과적으로나 완전히 실패했던 전철을 또다시 밟는 결과가 된 것이다. 선교사들이 식민지 확장의 군대에 앞장을 서거나 함께 가거나 뒤따라가서 그들의 영혼을 구원하고 관리하겠다는 모든 의도와 행동은, 제2차 세계대전 이후 제3세계로부터 서구 선교가 배척당함으로써 철저히 심판받고 있다.

프란시스칸 선교사들은 포르투갈 탐험대를 따라 1420년에 마데이라(Madeira), 1431년에는 아조레족(Azores), 1450년에는 카보베르데(Cape Verde) 섬에까지 가게 되었다. 그리고 1498년에는 바스코 다가마(Vasco da Gama)가 인도 항로를 발견하고 케이프타운을 거쳐 인도에 갈 때 선교사들이 동행했다. 또 이들 프란시스칸 선교사들은 1500년에는 카브랄(Cabral)과 함께 브라질에 갔다.[1]

이 당시 포르투갈과 에스파냐(스페인) 왕들은 교황 못지않은 선교적 열심을 가지고 이방인들의 개종을 무력적 방법으로 해결하고자 하였다. 거기에 1537년 교황 바오로 3세는 신대륙의 인디언들에게 "하나님의 말씀을 가르치며 또한 선한 삶의 본을 보여서 그들을 그리스도에게로 인도하라"고 교시를 내렸다.[2]

또한 1454년 교황 니콜라우스 5세는 포르투갈 왕에게 아프리카 및 동인도 제도 및 세계 선교의 독점권을 주었으나, 스페인의 신대륙 진출로 이 독점적 선교 특권은 곧 무너지고, 1493년에 교황 알렉산더 6세는 "분계 교서"(Demarcation Bill)를 선

---

1) Herbert Kane, *A Concise History of the Christian World Mission*, 4.
2) Ibid.

포하여 지구 전체를 두 나라에 분할해 주는 경계선을 그었다. 이후부터 포르투갈은 아프리카와 동인도 제도에서, 스페인은 신대륙에서 활동 무대를 삼되, 1494년에 카브랄이 발견한 브라질은 포르투갈에게 예외적으로 귀속되게 되었다.3)

그런데 이러한 로마 가톨릭의 해외 선교에는 그 모든 비용을 국가가 부담하는 파트로나토(Patronato)라는 제도가 있었다. 그리고 성직자들의 임명과 면직권도 정치 지배자가 가지고 있었다. 그렇기 때문에 이들 성직자들은 세속 정치와 이익에 직접 관여하게 되었고, 결과적으로 그들은 자연히 세속화하게 되었다. 이러한 역사적 배경에서 정치 신학인 해방 신학, 상황화의 신학이 나오게 된 것은 필연적 귀결이 아닐 수 없다.4)

가톨릭의 해외 선교는 외형적으로는 매우 빠른 속도로 먼 지역까지 퍼져 나갔다. 예수회(Jesuit), 프란시스 수도회, 도미니크 수도회 등 수많은 종교 단체들 안에서 잘 훈련된 인재들이, 서로 경쟁적이고도 자발적인 의욕과 비용으로 선교 활동에 적극적인 열의를 보일 뿐 아니라, 국가가 또한 이를 적극 지원해 주었기 때문이다. 그러나 콜럼버스나 바스코 다가마와 그 후의 탐험가들은 탐험 그 자체를 십자가 운동과 선교 활동으로 간주했다.5)

문화와 전통과 풍습이 다른 지역에 가서 이교도들에게 기독

---

3) Ibid.
4) 그런데 그 후 로마 가톨릭 선교가 전 세계로 확산됨에 따라 1622년에는 바티칸 당국이 신앙 전도를 위한 성 집회(the Sacred Congregation)를 창설하여 선교를 직접 지원하며, 1628년에는 선교 대학(College of Propaganda)을 세워서 전 세계 선교지로부터 온 토착인 성직자들을 훈련시켰다(Ibid.).
5) Joseph Schmidlin, *Catholic Mission History*(Techny, Ill.: Doctrine Word Mission Press, 1933), 264.

교 복음을 전하여 개종시킨다는 것은 여간 힘든 일이 아니다. 이것은 순교를 전제로 하지 아니하고는 엄두도 내지 못할 일이다. 그러므로 순종과 금욕 생활을 하겠다는 지원자들의 서약은 봉사, 헌신 및 유동성을 요구하는 개척적 선교 사역에는 가장 바람직한 것이었다. 그러나 수많은 공동체에서는 이러한 면에서 훈련된 자원이 풍부했기 때문에 로마 가톨릭교회는 선교사 지원자들을 따로 모집할 필요가 없었다. 즉 황제의 칙령이나 교황의 교서로, 교회 안에서 이미 훈련된 일꾼들을 파송하기만 하면 되었다.

이러한 로마 가톨릭 종교 단체는 아시시(Assisi)의 성 프란시스가 설립한 프란시스 수도회, 에스파냐 수도사 도미니크가 세운 도미니크 수도회, 1256년에 교황 알렉산더 4세가 세운 어거스틴 수도회, 그리고 1540년 에스파냐 귀족 이그나티우스 로욜라가 조직한 예수회가 가장 대표적이다.[6]

선교 역사학자 스티븐 닐은 "예수회의 설립이야말로 로마 가톨릭 선교 역사상 가장 중요한 사건"이라고 하였다.[7] 그러면 예수회의 설립 과정과 예수회의 대표적 선교사 프란시스 자비에르의 위대한 생애와 선교 사역에 대해 알아보자.

프란시스 자비에르

(1) 출생과 가족

---

6) Herbert Kane, Ibid.
7) Stephen Neill, 148.

프란시스(Francisco Xavier, 1506-1552)는 1506년 4월 7일 스페인의 하류 귀족으로 태어났다. 그가 태어난 곳은 팜펠루나로부터 48km 떨어진 자비에르라는 성곽 도시이다. 프란시스는 모국어가 바스크어(Basque)라고 생각했기 때문에 자신을 바스크인으로 생각했다. 그러나 이 언어는 지금 아라곤의 변경 가까이에서는 더 이상 사용되지 않고 있다. 그의 형들은 군대에서 일하고 있었고, 몰락된 가정에서 태어난 막내아들 프란시스는 재주가 있어 공부에 뛰어난 자질을 보여주었으며, 문필로 생업을 삼았다.

(2) 학교 수업

프란시스의 재주와 학업 능력은 뛰어나서 1525년 파리대학교에 왔을 때 매우 유망한 학생으로 간주되었다. 그 후 1530년 스토바르대학에서 교수 자격을 취득하고 파리대학교의 도르망보베 대학에서 철학 강사가 되었다. 그런데 스토바르에 있을 때 그는 자기보다 15세쯤 손위인 이그나티우스 로욜라의 영향을 많이 받았다.

(3) 선교사로 결심한 동기

선배인 이그나티우스는 당시, 무슨 형태든지 어떠한 부름이든지 하나님께 더 큰 영광을 드리기 위해 일할 것을 맹세하는 집단을 조직하는 문제를 생각하고 있었다. 이때 후배인 프란시스의 마음에 세상적인 야망과 은총의 소명 사이에 갈등이 있음을 인식하고, "만일 사람이 온 천하를 얻고도 자기 목숨을 잃으면 무슨 소용이 있는가?"라는 복음서의 교훈으로 거듭거듭 강

권했다.

마침내 프란시스는 로욜라의 요청에 굴복했으며, 1534년 8월 15일 몽마르트르에서 빈곤과 순결을 서약하고, 예수회(Jesuits)를 창설한 일곱 사람 가운데 한 사람이 되었다. 예수회는 조직이 매우 철저하고 군대처럼 발달되어 있었으며, 철저히 헌신된 자들이 로마 교황에게 절대적 충성을 맹세한 단체이기 때문에 급속하게 성장하였다.

이 단체는 이그나티우스 로욜라가 죽은 1556년에 1,000명의 회원이 있었고, 100년 만에 전 세계에 15,000명의 회원을 가진 힘 있는 선교 단체가 되었다.

한편 그들의 본래 계획은 신학 연구를 마치고 사제 서품을 받은 후 팔레스타인으로 가서, 그리스도께서 사셨던 바로 그곳에서 복음을 전하려 했던 것이었다. 하지만 이 계획을 실행하는 것은 매우 어려우리라고 예상되었다. 그래서 그들은 1537년 1월에 베네치아에 도착하여 1년을 기다린 후, 그래도 성지에 가는 것이 불가능할 경우 로마에 가서 교황의 처분에 따르기로 했다. 후에 그들은 후자를 선택할 수밖에 없었다.

그래서 그들은 1537년 6월에 베네치아에서 사제로 서품을 받고, 전도하며 병원에서 환자를 돌보는 데 시간을 보냈다. 그리고 1538년 그들 모두 로마에서 만나 교황 파울루스 3세에게 헌신을 서약했다.

프란시스는 이때 이미 자기의 장래 활동에 대한 어떤 이상한 예감을 가지게 되었다. 어느 날 그는 꿈속에서 자기 어깨에 인도인을 업고 가는데, 너무 무거워서 큰소리를 질러 동료들을 깨운 일이 있었다. 그렇지만 그가 곧바로 인도 선교사로 간 것은 아니었다. 1539년, 포르투갈의 왕 주앙 3세가 로마에 있는 자기 대사를 통해 교황에게 부탁하여, 로욜라의 추종자들 가운데서 인도 제국에서 선교사로 일할 사람들을 선택해 달라고 청원한 일이 있었다. 그런데 처음에 임명된 것은 프란시스가 아닌 로디리구에스와 보바디야였다. 그러나 그가 아파서 그 대신 프란시스가 선택된 것이다.

그러나 포르투갈 땅은, 프란시스 일행이 리스본에서 오래 체류하고 있는 동안 예수회 신부들의 설교와 모범에 의해 놀라운 결과들이 일어났으므로, 그들이 거기에 오래 머물러 있기를 원했다.

(4) 인도에서의 선교 활동

그는 마침내 로욜라의 결정에 의한, '프란시스를 인도 제국의 사도적 사절로 임명한다'는 교황의 편지를 가지고, 1541년 4월 7일 그의 35회 생일에 인도로 파송받았다. 프란시스는 서재에 누구에게도 말하지 않은 한 다발의 서류 뭉치를 가지고 있었다. 이 속에는 그를 교황의 사절로 임명한, 교황이 동양의 여러 정부에 보내는 추천서와 신임장들이 들어 있었다. 프란시스는 보통 선교사와 달랐다. 그는 포르투갈 정부를 대표하는 공식적인 사절이었다. 또한 교황으로부터 동방 교회 교직자들이 관여할 수 없는 독립된 임무를 받음으로써, 유력한 위탁 임무로 무장하였던 것이다.

이 항해는 1년 이상 걸렸다. 그는 1542년 5월 6일에 고아(Goa)에 도착했는데, 고아는 서해안에 위치한 중요한 도시로서 포르투갈의 가장 큰 식민지였다. 그러나 그곳의 형편은 비참했다. 유럽에서 이주한 남자들은 유럽에서 온 여자들이 적어서 인도 여자들과 어울려 동거 생활을 하였다. 이들 사이에 태어난 2세들은 기독교의 외부적인 형식을 따라야 했지만 그런 대책이 전혀 마련되어 있지 않았다. 그래서 그들은 두 민족의 가장 극심한 대결을 드러내는 경향이 있는 계층이 되어 있었다. 하지만 부유층들은 사치 생활을 하면서도 이러한 문제에 무책임하게 행동하였다. 게다가 교회는 있다고는 하지만 전혀 영적인 생명력이 없는 상태였다.

고아에서 프란시스는 열심으로 일하러 나갔다. 그는 인도인들에 전도할 수 있도록 자기의 말을 인도 말로 통역해 줄 수 있는 통역자를 발견하였다. 그는 병자들 특히 문둥병자들과 같은 사람들에서부터 선교 사업을 시작해 나갔다. 그는 인도인들이 공중도덕을 지키도록 변화시키고 교회들을 강하게 만드는 데 정력을 기울였다.

어른들을 변화시키는 일에 있어서는 거의 절망적이었으나, 고아와 어린이들에게서 프란시스는 예상 이외의 좋은 반응을 발견하였다. 여기에서 프란시스는 다른 여러 지역에서도 사용하여 성공적인 결과를 얻은 바 있는 한 가지 방법을 생각해 내게 되었다. 그는 어린이들을 불러내어 교회에서 문답식 교리 공부를 시킬 목적으로 종을 흔들며 온 거리를 돌아다녔다. 이때 오고 싶은 사람이면 어른들이라도 교회로 데리고 갔다. 그는 최대한의 인내로 인도인, 포르투갈인, 유라시아계의 혼혈아들에게 기독교 신앙의 근본적인 것들을 가르쳤고, 그 가르친 것을 어린이들에게 반복하도록 했다. 이러한 가르침이 기독교의 지식을 매우 효과적으로 전하게 되었다는 것은 분명한 사실이지만, 이것은 그들이 전에 대하던 기독교 선교와 비교해 볼 때 무척 새로운 방식이었다.

프란시스는, 사소한 일을 가지고도 저들의 옹고집을 세우려고 현학적 논쟁을 일삼으며 시간을 소비하는 유럽인들을 공박하면서, 아무것도 모르는 어린 사람들을 가르치는데 이런 새로운 선교 방법이 얼마나 좋으냐고 감화적으로 말했다.

프란시스가 발견한 새로운 전도와 선교 방법은 기독교 교리를 운문시(詩) 속에 집어넣어 부르게 하는 것이었다. 인도에서는 모든 사람들이 노래 부르기를 좋아하기 때문에 이 방법은 특히 효과적이었다. 어린이들이 미처 그 뜻을 알아차리지 못할지라도 기독교 교리는 그들의 기억 속에 영구히 심어질 수 있었다.

다섯 달 동안 프란시스는 고아에서 일하였고 이제 그는 사람들에게 사랑받기에 이르렀다. 도덕적인 면들은 눈에 띄게 좋아졌으며 불신자들에게 복음을 전파하기 위한 노력은 더욱 확대되어 나갔다. 이윽고 인도와 포르투갈인 학생들을 교육하기 위한 대학이 창설되었으며, 프란시스의 가르치는 방법은 그 지역 모든 교회들이 채택하기에 이르렀다. 새로이 임명된 선교사들이 포르투갈로부터 오고 있었기 때문에 프란시스가 그곳에 더 머물 필요는 없었다. 그는 포르투갈인들이 아닌 이방인들을 전도하기 위해 이곳에 왔기 때문이었다.

(5) 섬 선교

프란시스는 1542년 10월에 리세리 해안의 본토인들에게 전도함으로써 비로소 엄밀한 의미의 타 문화권 선교 사업을 시작했다.[8] 이 땅은 파라바족(Paravas)이라는 인도의 하위 계급들이 점유하여 살고 있는 지역인데, 그들의 문화는 원시적이었으며 그들의 종교는 힌두교의 일종이었다.

인도는 힌두교의 영향 아래 철저한 신분(카스트) 본위 사회를 구성하고 있다. 이 신분에 따라 기독교에 대한 반응도 각각 다르게 나타났다. 상위 계급인 브라만은 기독교에 대해 배타적인 반면, 낮은 계층인 파라바족은 매우 호의적이고 개방적이었다.[9]

누추한 진흙 오막살이들로 이루어진 마을을 지나가면서 프란시스 자비에르는 극도로 타락한 우상 숭배의 증거를 눈앞에 보는 슬픔을 맛보아야 했다. 마술사들과 뱀을 부리는 사람들 그리고 못 방석 위에 앉아 있는 고행자들의 모습들이 가는 곳마다 눈에 띄었다. 그들의 종교 축제일에는 사람들이 자기들이 섬기는 신의 영광을 위하여 스스로 목숨을 끊는 광적인 사태까지 발생했다. 어떤 곳에서는 처음으로 임신한 젊은 부인을 그들의 신에게 바치는 일을 연례 행사로 하였다.

프란시스는, 많은 파라바족들이 이미 세례를 받았으면서도 아무런 교리적 가르침이 없었다는 것을 알게 되었다. 그는 즉시 남은 사람들에게 세례를 베풀고 그 후에 가르칠 계획을 세웠다. 그들에게 세례를 받도록 권고하기란 그리 어려운 일은 아니었다. 이 당시의 역사적 기록에 의하면 한 달 동안에 1만 명 이상의 파라바족들이 세례를 받았다고 되어 있다. 또 서부 인도에서의 선교 기간 중 적어도 3만 명 이상의 파라바족에게 세례를 주

---

8) Will Durank, *The Reformation*, Vol. 6(NY: Simon & Schuster, 1957), 914.
9) Ruth A. Tucker, *From Jerusalems to Iriimjava*(Grand Rapids: Zondervan, 1983), 2.

었다. 이러한 사실은, 인도에서 한 지역 내의 모든 계급 사람들이 세례를 받고 그리스도 교회의 회원이 된 유일한 기록이 될 것이다.

프란시스는 초라한 옷을 입고 맨발로 사람들에게 세례를 주었다. 이 마을에서 저 마을로 돌아다녔다. 그는 뜨거운 햇빛을 피하기 위해 손에 가죽으로 만든 우산을 받쳐 들고 팔이 쑤실 때까지 세례를 베풀었다. 사람들은 그의 끝없는 수고의 시간을 알았다. 한편 그는 굶주리면서도 그의 식량을 다른 사람들에게 주었으며, 자신을 위해서는 아무것도 구하지 않았다. 그리고 이런 프란시스에 대해 그들은 모든 것을 알았다. 왜냐하면 그곳 생활 곧 인도 내에서의 개인 생활이란 없었기 때문이다.

그가 가는 곳마다 그를 따르는 사람들이 무리를 이루었으며, 때로는 이런 무리가 수천 명에 달할 때도 있었다. 그의 명성은 급격히 퍼져 나갔으며, 어떤 이들은 그가 말씀의 은사와 기적적인 능력도 가지고 있다고 믿었다. 어떤 때는 설교하기 위해 나무 위에 올라가 기도하고, 때로는 마을 전체를 한번에 세례를 준 일도 있었다. 그럴 때는 처음엔 남자, 그 다음엔 부인들과 어린아이 순서대로 세례를 주었는데 너무 많아 팔이 쑤셨으며, 또한 성경을 반복해서 가르쳐 목이 쉬는 때가 많았다. 이런 대규모의 세례를 행한 후에는 사람들에게 집으로 돌아가 모든 우상들을 가지고 나와 마을 가운데 다 쌓게 하고 그들이 보는 앞에서 그 우상들을 불태웠다.

프란시스는 투티코린(Tuticorin)을 본부로 삼고, 기독교를 인도 땅에 심느라고 밤낮없이 일하였다. 키가 크고 털보인 프란시스는 가는 곳마다 따르는 어린이들에게 아주 친숙한 사람이 되었다. 그는 몰려드는 어린이들 때문에 먹고 잠자며 개인 기도를 드릴 틈도 없이 바빴다. 그의 서신에서 그는 그들 때문에 못견딜 지경이라고 한번도 말한 일이 없으며, 오히려 이러한 것이 이 땅에서 천국을 맛보는 것이 아니겠느냐고 말했다.

그는 자신이 더욱 깊은 신앙에 들어가도록 훈련하는 데 심혈을 기울였다. 그는 파라바족에게 기독교가 깊이 뿌리를 박으려면, 그들 말로 된 문헌이 있어야겠다고 깨달았다. 그는 십계명, 주기도문, 사도신경 및 아베마리아를 그곳 방언으로 번역하는 데 몇 개월을 소비했다. 그는 이것들 외에 간단한 기도문과 교리 문답들을 첨가하였다. 비록 그가 그들 가운데서 수년 동안 전도하는 일을 하지는 않았지만, 그는 파라바족을 기독교로 이끄는 열의에 불붙였으며 그들의 신앙을 깊게 하는 데 기초를 닦았다. 그는 로욜라에게 더 많은 사역자를 파송해 달라고 요청했다. "이곳에서 성례를 받지 못하고 죽어가는 수많은 아이들을 위해서 여기저기 다니면서 세례를 베풀어 줄 더 많은 손길이 필요합니다."[10]

그는 기독교를 그들의 종교와 비교하는 데는 관심이 없었다. 그는 분명하고 숨김이 없이, 기독교는 진리이고 그들의 종교는 거짓이라고 생각했으며, 그러한 소신대로 전도했던 것이다. 그러나 인도에서의 그의 선교가 성공적이었던 것은 아니었다. 그러므로 인도에서의 좌절감과 다른 지역에서의 소명감은, 프란시스의 관심을 인도 해안에서 멀리 떨어진 섬들로 돌려 놓았는데, 그중에서 가장 큰 섬 스리랑카(Sri Lanka)는 프란시스의 지

---

10) James Brodrick, *Saint Francis Xavier*(NY: Wicklow, 1952), 204.

대한 관심을 모았다. 이에 프란시스가 받은 특별한 선교의 은사는 새로운 대지를 개척하는 일이었다. 그는 다른 사람들이 따라 오도록 그 길을 닦았다. 스리랑카 바다 위의 다른 섬들에서도 프란시스는 온갖 위험과 역경 그리고 실망의 틈바구니를 헤매면서 전도했다.

그 후 그의 가장 큰 성공은 말라카(Malacca)에서 이루어졌다. 그가 보통 사용하던 방법대로 병자들을 찾아 전도하고 할 수 있는 대로 공중 설교를 하였다. 그리고 어린이들에게 각별한 관심을 기울이면서 수백 명의 사람들이 반응을 보여 오는 것을 목격하였다. 이곳에서 그는 부단한 위험과 언어의 장벽에 부딪치면서도 최선을 다해 가르쳤다. 그리고 그는 선교 후원회에 편지를 보내어 그가 시작한 선교 사업을 계승하여 수행할 수 있는 선교사를 보내 달라고 간청하였다. 그는 그 선교사들은 위대하거나 학식이 많은 사람이 아니라도 좋으며, 오직 끊임없는 시험에 견딜 수 있는, 그리스도께 자기를 맡긴 사람이면 된다고 되풀이하여 강조하였다. 그가 이 섬들 위에 선교적인 중심지를 세우려 했던 것은 분명한 것 같다.

그가 주일에 예배를 드리는 모습을 스티븐 닐은 다음과 같이 적고 있다.

"프란시스는 주일날이면 그들의 언어로 된 기도문을 반복하게 했다. 그들은 예배에도 잘 참석했다. 그 다음에는 아베마리아를 부르는 식으로 십계명까지 계속했다. 사도신경은 12교부 송, 십계명은 10교부 송에 맞추어 부르면서, 그 계명을 지킬 수 있게 해달라고 기도했다."[11]

그의 열심과 모든 시련의 나날로 미루어 보아 프란시스는 다른 곳에 비해 이 섬들 가운데서 더 오랜 성공을 누렸다고 보아야 할 것이다. 그러나 그는 그곳 주민들 중 일부를 개종시켰을 뿐이며, 후일의 선교 활동을 위한 징검다리를 놓았다는 데 의의가 있다.

(6) 일본 선교

1548년 프란시스 자비에르는 그가 개종시킨 사람들을 방문하기 위해 인도로 돌아가는 길에, 그의 사역 방향을 변경시킨 한 사람을 만나게 되었다. 이 사람은 일본인 안지로로서 그는 프란시스 자비에르 선교사의 도움으로 기독교인이 되기를 바랐다.[12] 항상 준비가 되어 있던 프란시스는 바로 그를 가르치기 시작했다. 그는 이 젊은이에게 깊은 감명을 받았다. 그의 섬세한 마음, 날카로운 예지, 진리를 탐구하려는 주린 심령은 그가 인도에서 보았던 사람들과는 전연 다른 충동을 느끼게 했다. 안지로에게서 그는 일본이라는 섬 나라에 대해 더욱 많은 것을 배우게 되었으며, 그곳에서는 기독교라는 종교가 아주 미미하게 알려져 있다는 것도 알게 되었다.

1549년 8월 15일에, 프란시스는 다른 선교사를 보내려고 했던 것을 바꾸어 자신이 직접 일본에 도착했다. 그런데 일본으로 떠난 다음에, 로욜라의 건강이 좋지 않아 귀국하여 로욜라 대신 예수회 회장으로 일해 달라는 편지가 도착하였다. 그러나 프란시스의 이 세 번째 선교 여행은 여러 가지로 그에게 있어 매우

---

11) Stephen Neill, 150.
12) Tucker, 73.

중요한 것이었다. 일본에 도착한 그는 일본에 대해 들었던 모든 것이 사실임을 알게 되었다. 그들은 확실히 문화가 발전된 사람들이었으며, 근면하고 지성적이며 끈질긴 마음을 가진 자들이며, 장래가 촉망되는 사람들이라고 육감적으로 느꼈다.

프란시스 자비에르는 일본의 주요 도시들 중의 하나인 가고시마에 상륙했다. 그의 활동 계획은 단순하고도 명백한 것이었다. 그것은 제일 먼저 일본 왕에게로 가서 그를 그리스도교로 개종시키는 것이었다. 만일 그를 얻는 데 실패하면 일본에서 선교 활동을 하도록 허락이라도 받을 수 있을 거라고 생각했다. 그렇게 되면 바로 일본의 대학으로 가서 궁전의 후원을 배경으로, 또 개종된 자들의 도움을 얻어 석학의 광장으로부터 사람들을 개종시켜 나갈 것이며, 이렇게 되면 모든 일들이 공평무사하게 잘되어 나갈 거라고 확신했던 것이다.

그러나 그는 근본적으로 일본을 잘못 이해하였다. 왜냐하면 거기에는 프란시스가 생각했던 것처럼 왕도 없고, 권력이 '다이묘'라고 부르는 지방 집권자들에게 분산되어 있었다. 그리고 일본인들은 학문에 충실했지만 아직 유럽과 같은 전통적인 대학이 없었다. 그래서 인도와 말라카에서와 같은 방법도 그들에게 흥미는 주었지만, 도움은 못 되었다.

프란시스가 일본에서 유일하게 사용할 수 있었던 것은 인쇄물을 이용하는 것이었다. 일본인들은 그들 자신을 온전히 그리스도께 의탁하기 전에 이 새로운 종교에 대한 것을 되도록이면 많이 알려고 했다. 그리하여 프란시스는 그들을 먼저 교리로 가르쳤고, 그런 후 믿는 사람들에게만 세례를 주었다. 가고시마에서 1년을 넘게 일했지만 그가 얻은 개종자 수는 100여 명에 지나지 않았다.

이런 점은 인도에서 베푼 집단적 세례와 매우 대조적이었다. 인도에서는 선교사들의 가난한 생활과 겸손 그리고 그들의 자기 억제 생활이 상상 외로 많은 인도인들을 얻게 하였다. 그러나 이와 같은 것들이 일본인들에게는 오히려 부담이 되었다. 누추한 옷차림이 일본인들의 집 문을 열게 하기는커녕 오히려 닫게 한다는 것을 쉽사리 눈치채게 되었다. 그리고 다이묘 같은 지방 실권자들 앞에 값진 선물을 갖고 가지 않고 나타난다는 것은 그 지방의 의례적인 준칙을 깨뜨리는 실례가 되는 행위라는 것도 곧 알게 되었다. 일본에서의 후기 선교 여행에서 그는 이런 결함들을 할 수 있는 대로 많이 개선해 나갔으며, 유럽의 선교 후원회에도 다음에 올 선교사들은 이런 문제를 잘 알아야 한다고 조언하였다.

일본에서 일하는 선교사들에게 몹시 급급한 다른 한 가지 문제는 통역자 문제였다. 공중 전도에서 잘못된 통역으로 가끔 웃음바다가 되곤 했던 것이다. 이러한 곤란을 알고 하나님이 보낸 사람처럼 나타난 사람이 바로 민요 가수이며 오늘날 소위 코미디언이라고 하는 익살꾼인 로렌스(Lawrence)라는 일본인이었다. 그는 예민한 일본인들에 대해서는 유머로 접근하는 것이 효과적이라는 것을 알고, 일본인들이 좋아하는 아주 중요한 유머 재료를 준비하여 그들을 방문한 후에 개종시켰던 것이다. 그는 일본인이지만 서양식 이름밖에는 알려져 있지 않았다. 일본인 군중을 효과적으로 다루는 법을 그보다 더 잘 아는 사람은 없었다. 그는 재치와 유머 그리고 가슴을 에는 듯한 슬픔을 잘 표현하였으며, 일본에서 가장 이름 있는 설교가 중의 한 사람이 되었다. 그는 후에 일본인으로서는 최초로 예수회 회원이 되었다. 1570년대에 한 지역에서 약 5만 명이 세례를 받았다. 그리고 16세기말에는 약 30만 명의 신자가 일본에 있었다.

그러나 일본의 정치 세력이 기독교를 탄압했다. 선교사들은 배척받았고 수많은 일본 기독교인들이 처형되었다. 1638년에는 기독교인에 대한 지나친 과세와 핍박에 항의하여 시마바라에서 폭동을 일으켰다가 기독교인들이 몰살당했다.

(7) 중국 선교

프란시스 자비에르가 그간 일본에서 귀가 따갑도록 들은 한 가지 애기는, 기독교가 유일한 참 종교라면 왜 중국 사람들이 이 종교를 숭상하지 않느냐는 것이었다. 중국인들이 기독교 신앙을 받아들이지 않고 있다는 사실이 일본인들에게 기독교를 수용하지 못하는 심각한 감정적 장벽을 구축해 놓았던 것이다. 프란시스는 이러한 사실을 깊이 생각하였다. 일본의 거대한 이웃 나라 중국을 개종시킴으로써 머지않아 일본도 그리스도께로 이끌 수 있을 거라고 믿었다.

1552년 부활절 날, 프란시스는 중국을 향하는 배를 탔다. 그는 아시아에서 중국의 강대한 영향력을 이용할 수만 있다면 이 강대한 나라를 통하여 동양의 모든 나라로 통하는 통로를 마련하게 되리라고 굳게 믿고 있었다. 그는 일본과 중국인들, 인도인들, 나아가 전 동양인들이 그리스도를 알게 될 날을 꿈꾸고 있었다.

그러나 그를 가로막는 장벽은 너무나 현실적이고 강인했다. 그 한 가지 예로 중국은 쇄국 정책을 지향하는 나라로 외국인은 누구를 막론하고 상륙을 금하고 있었다. 중국은 몇몇 유럽의 상선들에 대해 중국 본토 인근 섬들과 무역하는 목적으로 상륙을 허가할 뿐, 태풍 때문에 상륙한 외국 선원들을 죽일 정도로 외국인들과의 접촉을 엄히 막고 있었다. 프란시스는 포르투갈인 선장을 매수해서라도 해안에 상륙하려고 마음먹었다. 그리고 그곳에서 주님께 의지하고 자신의 슬기로운 지혜로 살아남아서 복음의 영향력을 끼쳐 보겠다고 생각했다.

홍콩의 동쪽에 있는 마카오 근처의 작은 섬에서 프란시스는 중국 대륙으로 숨어 들어갈 준비를 하였다. 그러나 어느 날, 갑자기 열병으로 병석에 눕게 되었으며 며칠 이내에 병세는 악화되어 죽음을 직전에 두게 되었다. 임종 직전, 그의 친구들은 혼수상태에서 그가 여러 나라 말과 방언으로 설교하는 것을 들었다. 그는 죽어가면서도 열정적인 선교사의 모습을 보였다.

1552년 12월 3일 이른 새벽, 한 친구가 프란시스의 임종을 지켜 보았다. 그의 시체는 인도의 고아로 옮겨져 장사되었으며, 오늘까지 그의 묘지에는 순례자의 발길이 끊이지 않고 있다.

(8) 선교 업적의 평가

프란시스의 업적은 다각적으로 평가되어 왔다. 일부 학자들은 그를 사도 바울 이래의 가장 위대한 선교사로 생각하는 반면, 다른 학자들은 그를 하등의 연속적 선교의 결과를 가져오지 못한 채 동양의 세계를 떠돌아다닌 충동적인 유람자로 평가하고 있다. 그러나 분명히 말해서 프란시스는 종교 개혁기에 로마 가톨릭교회의 대표적인 선교사였다. 그는 영속적인 건축자는 아니었지만 개척 선교의 길을 닦은 사람이었다. 다만 기초를 놓

앉고, 이 기초 위에 건축하는 것은 다른 이들을 위한 일이었다.

그는 선교의 문을 여는 데 훌륭한 재능을 가진 사람이었다. 프란시스 자신이 처음에 인정했듯이, 그의 뒤를 따라 들어가 그의 사업을 계승할 다른 사람들이 필요했다. 사비에르는 훌륭한 선교적 인물이었다. 그리스도께 대한 사랑과 잃어버린 많은 영혼들에 대한 그의 사랑은, 그 당시 다른 누구와도 비교할 수 없는 것이었다. 세계 선교의 필요성에 대한 그의 통찰력과 동양 문명의 큰 흐름의 줄기를 따라 그리스도를 전파하려 했던 그의 결단은 견줄 데 없다고 하겠다.

마테오 리치

(1) 출생과 교육 과정

마테오 리치(Matteo de' Ricci, 1552-1610)는 1552년 프란시스 자비에르가 죽던 해 이태리의 귀족 가문에서 태어났다. 아들에게 법학 공부를 시켜서 법률가를 만들고자 했던 그의 아버지는 리치를 로마로 보냈다. 그러나 그가 로마에 있는 동안에 이그나티우스 로욜라가 조직한 예수회에 가입한 후 대학에서의 법학 공부를 중단해 버렸다. 이 소식을 들은 그의 아버지는 크게 낙심하여 예수회로부터 아들을 빼내기 위해 로마로 향했다.

여행 도중 첫날 밤에 아버지는 심한 열병으로 눕게 되었다. 더 이상 여행이 불가능했다. 이것을 하나님의 진노하심으로 해석하고 더 이상 하나님을 대적하다가는 어떤 큰일을 당할지 몰라 아들에 대한 모든 소망을 포기해 버렸다. 리치는 일반 세속 대학에서의 법학 공부는 포기했지만, 예수회에 속해 있는 대학에서 수학과 천문 과학을 열심히 공부했다. 특히 수학은 당대 최대의 학자로 알려진 수학 교수에게 배웠다. 이것이 후일 그가 중국에 가서 선교할 때 매우 훌륭한 무기가 되었다.[13]

(2) 선교 사역의 시작

리치가 선교사로 처음 발을 내딛기 시작한 것은 프란시스 자비에르의 첫 사역지이기도 했던 인도의 고아였다. 프란시스 자비에르는 단독으로 선교지에 갔지만, 리치는 13명의 예수회 선교사들과 함께 팀 사역(team ministry)을 이루어갔다. 이 팀 사역은 선배 선교사였던 프란시스 자비에르의 경험과 교훈들을 철저히 듣고 배운 다음에 어린이들에게 복음을 전하고 교육을 바르게 시키는 것이었다. 그리고 그것이야말로 차기 세대 교회를 이어받아 섬겨 나갈 후계자 양성이라는 점에서 그 중요성을 최대로 강조했다.

그런데 마테오 리치는 처음부터 어린이를 대상으로 하는 선교 사역에는 관심과 뜻이 없었다. 그래서 그는 선교 본부에 새로운 임무를 내려달라고 요청하였으나 4년 후에야 새로운 임무가 부여되었다.[14]

당시 마카오(Macao)나 일본 등지에서 사역하고 있는 예수회 선교단은 매우 성공적인 성과를 거두고 있었다. 리치는 포르투갈령 마카오에 가서 선교 사역을 새로이 시작하기를 매우 갈망했다. 그때 이미 그의 친구 루지에리(Ruggieri)가 마카오에서 사역하고 있었는데 리치를 그곳으로 초청했다. 그 무렵 루지에리는 언어의 장벽과 선배 선교사에게 받은 상처와 실망으로 깊은

---

13) Tucker, 75.
14) Vincent Cronin, *The Wise Man from the West*(NY: Dutton,1955), 31.

수렁에 빠져 있었으나, 리치는 부푼 꿈과 적극적인 열정을 가지고 새 임지로 떠났다.

(3) 금지된 중국 선교의 문을 열다

당시 외국인에게는 중국 선교가 금지 사항이었다. 중국의 오랜 역사를 한마디로 표현하면 대오랑캐 투쟁사였다. 그들의 공통된 표어(구호)는 '오랑캐를 몰아내자'(get rid of barbarians)였다.

중국인들에게는 소위 중화사상(中華思想)이란 것이 있다. 중국은 이 세계의 중심이고, 고도의 문화 민족이며, 주변의 타민족은 모두 금수 같은 오랑캐라고 생각했다. 그래서 그 오랑캐들이 중국 땅을 밟게 되면 중국 땅이 오염되고 더러워지니 오랑캐가 중국 땅에 못 들어오게 해야 한다는 것이었다. 그들은 이렇게 타민족 배타주의를 고수해 왔기 때문에 기독교 역시 중국 땅에 상륙하기가 매우 힘들었다.

6세기에 네스토리안(景敎) 선교사들이 실크로드를 타고 시리아로부터 중국에 들어와 포교에 힘썼으나 오래 지속되지 못했다. 그리고 13세기에는 로마 가톨릭이 파송한 최초의 중국 선교사였던 수사 존(Friar John)이 몽골족의 도움으로 선교의 자유를 얻어 수천 명에게 세례를 주었다. 그러나 14세기 명나라의 건국과 함께 기독교 선교사는 모두 추방당했고 중국 대륙에서 기독교는 흔적도 찾아볼 수 없게 되었다.[15]

이러한 역사적 배경 안에서 16세기 말에 예수회 선교사로 마테오 리치가 와서부터 기독교는 중국에서 영속적인 기반을 가

---

15) Ibid., 75.

지게 되었다. 이에 대해 F.A. 룰로가 쓴 「가톨릭 백과사전」 "마테오 리치" 항목에 보면, "이렇게 외국인에 대해 배타적이고 경멸적인 중국인들도 오직 예외적으로 마테오 리치만은 중국 문화에서 가장 존경받는 외국인이다"라고 기록되어 있다.16)

외국에서 온 선교사들이 마카오에 오래 거주하면서도 중국에는 한 발짝도 들어가지 못하고 있을 때, 리치가 마카오에 온 것이다. 슈힝(Shiuhing)에 있는 성주(省主)인 왕판(Wang Pan)이 리치의 뛰어난 학문과 천문, 지리, 수학에 조예가 깊다는 소문을 듣고 그를 중국 내지로 초청하였다. 처음에는 그것이 함정일지도 모른다는 생각이 들었으나, 리치는 그 위험성을 전혀 개의치 아니하고 초청에 응해서 갔다. 초청은 속임수가 아니었으며 외부 세계에 대한 중국인들의 진지한 호기심의 표현이었다. 그들에게 보여주기 위해 가져 간 과학 기계들, 시계, 악기, 천문학 기구들, 과학 서적, 지도, 그림, 항해 도구들, 나침반, 자석 등 모두가 중국 학자들의 눈에는 경이롭고 놀라운 것들이었다. 특히 세계 지도는 중국이 세계의 중심이라고 믿어 오던 것이 사실이 아님을 보여주는 것이 되어 그들에게는 충격이 컸다.17)

리치가 중국에 오기를 갈망했던 목적이 서양 문물이나 과학 기술을 전해 주는 것이 아니라 복음을 전하는 것이기 때문에, 리치와 친구 루지에리는 불교 승려처럼 보이기 위해 삭발하고 불교 고승들이 입는 장삼을 입었다. 이렇게 중국인 속에 들어가 그들과 같이 생활하면서 기독교의 복음을 전했는데, 2년이 지

---

16) F.A. Rouleau, "Matteo Ricci" in *The New Catholic Encyclopedia*, ed. William J. McDonald(NY: McGraw & Hill, 1967), 12L 472.
17) Tucker, 76.

나서야 겨우 개종자 한 명을 얻었다. 그들은 중국인 목수를 고용하고 손수 목공일을 배워가면서 작은 교회와 주택을 지었다.

1588년에 루지에리는 유럽으로 돌아가고, 리치는 예수회 중국 총책임자가 되었다.18) 불교 고승의 의복을 입고 기독교 복음의 포교에 힘쓰던 리치는 이제는 유학자의 복장으로 바꾸어 입었다. 유학자 차림새가 중국인들에게 더 호감을 준다는 사실을 알았기 때문이다. 유교는 중국의 지식인들의 종교였고 한, 당, 송 이후의 중국을 지배해 온 이념이요 사상 체계였다는 사실을 배워서 깨달았기 때문이었다. 리치는 이제야 중국의 역사와 문화를 조금씩 이해할 수 있는 것 같고 중국 사람들도 약간 이해할 수 있을 것 같았다. 중국 사람을 사귈 때 5년 이내에는 그들을 이해하기 힘든다는 말을 이해할 수 있을 것 같았다.

(4) 문화 적응식 선교(Accommodation)

리치가 중국에서 기독교를 토착화(indigenization)하려고 노력하고 있을 때, 인도에서는 같은 예수회 선교사 로베르토 데 노빌리(Robero de Nobili, 1577-1657)가, 인도의 브라만들에게 기독교 복음을 전해 주기 위해 인도의 실정에 맞고 그들이 잘 이해할 수 있는 토착화 방법을 쓰고 있었다.19)

---

18) Ibid.
19) 토착화(土着化, Indigenization)는 그 한자가 의미하는 바와 같이, 식물이 어떤 새로운 토양(땅)에 뿌리를 내려가는 것(化)을 의미한다. 기독교 복음이 중국이나 인도와 같은 새로운 토양에 뿌리를 내리게 하기 위한 선교사들의 노력이 복음의 토착화인데, 그 동기는 매우 성경적이고 정당하다. 그러나 그 과정과 방법이 성경적이 아니고 정당하지 못할 때 그것은 올바른 토착화가 아니다. 토착화는 그 성격상 여러 가지 종류가 있다. 사도 바울이 복음을 전하기 위해 사용했던 토착화의 선교 방법은 모든 선교사들의 귀감이 된다. 성경이 토착어로 번역되는 것도 바람직한 토착화이다.

노빌리도 브라만의 의복을 입고 그들의 문화를 따라서 그들과 같이 브라만의 계율을 지키며, 인도 내에서 다른 기독교인들과 교제하지 않았다. 이에 대한 기독교의 비판이 심각해졌다. 이 일로 노빌리와 리치는 모두 로마 가톨릭 문화에서 이단자로 취급받았다.

그러나 유교 문화권에서 기독교를 토착화하려는 리치의 노력은 많은 중국인들에게 호감을 주었으며, 그 결과 개종자가 늘어갔다. 그러나 교리적인 면에 있어서 이들의 신앙은 순수한 기독교 신앙이 아니었다. 기독교 신앙에다가 유교 신앙을 혼합한 것이었다. '하나님'이라는 용어도 중국 유교에서 공자가 말하는 '하늘'[天]이나 도교에서 말하는 '상제'(上帝)를 리치는 그대로 썼다. 이러한 맥락에서 중국 개종자들이 기도하면서 제사 드리는 것을 허용하였다. 그는 이 제사는 중국 조상들에 대한 존경(veneration)의 표현일 뿐이라고 강조했다.

리치의 이러한 선교 방법은 곧 신학적 논쟁거리가 되었다. 특히 예수회와 경쟁 관계에 있던 도미니크 수도회나 프란시스 수도회는 이를 맹공격했다. 로마 가톨릭교회는 이때까지 복음선교에 있어서 역사적으로 정복 이론을 주장해 왔다. 교황 니콜라우스 5세는 "사라센인들, 이교도들, 그리고 다른 그리스도의 적들"을 교회의 권위에 굴복시키고, 이들을 설교와 세례로써 하나님 나라로 이끌기 위해 포르투갈과 에스파냐의 왕들에게 명령하였을 때, 그리스도의 몸(Corpus Christianum)이라는 정복자적 사고를 가지고 있었다. 이것은 하나님 나라를 교회와 동일시하고 "교회는 그리스도의 몸이다(Church is the body of Christ). 그러므로 교회가 다스리는 이 모든 영역이 모두 하나님의 나라이다. 그러므로 선교는 이 땅에서 하나님의 나라를 확장해 나가는 기독교 제국과 동일선상에 있다"라는 것이다. 그런데 이러한 로마 가톨릭의 정복 이론이 마테오 리치와 로베르토 데 노빌리의 적응 이론의 도전 앞에 선 것이다.

이들은 토마스 아퀴나스(Thomas Aquinas)가 말한 유명한 명제 곧 "은혜는 자연을 손상하는 것이 아니라 완전케 한다"(*Gratia non tollit naturum, sed perficit*)는 교리를 수용하고 있다. 특별 계시인 성경 말씀은 하나님과 인간의 자연 지식을 완전케 해준다. 성례를 통해서 초자연적인 영역과 접촉하게 되면 자연 영역에서 어렴풋이 느끼고 짐작하던 것에 대해 더욱 확실히 느끼고 알게 해준다. 이처럼 특별 계시는 그 자체로 인간의 하나님에 대한 자연 지식과 접촉하여 인간의 지식을 완전케 한다.[20]

이러한 구조에 따라 타우렌(J. Thauren)은 그의 책 「가톨릭의 이방, 사도직에의 적응」(*Die Akkomodation in Katholischen Heidenapostolat*)에서 "서구 가톨릭이 많은 관념들, 도덕들, 관습들, 정의관, 그리고 예배 양식을 게르만 이교도 신앙으로부터 빌려왔다"는 점을 인정하고 있다. 그는 이 점에서 서구 가톨릭이 많은 점에서 그리스와 게르만의 이교적 사고를 놀랍게 적응, 개조시킨 것이라고 하였다.[21]

그러므로 타우렌은 "이 적응 범위를 아시아와 아프리카 문화에까지 확장시켜서 그들로부터 로마 가톨릭이 다른 곳에서 취하지 못한 그들의 독특한 특징들을 흡수한다는 것은 단순하면

---

20) 요하네스 베르카일, 「현대 선교 신학 개론」(*Contemporary Missiology: An Introduction*, 최정만 역, 서울: CLC, 1991), 525.
21) Ibid.

서도 당연한 논리"라고 주장한다.22) 또한 "인간들 내에 있는 자연적인 것들과 타 종교 내의 가치 있는 것들을 알고자 하는 호기심은 교회의 본성 가운데 가톨릭적 성격(Catholicity)이 있기 때문"이라고 했다.23)

"따라서 누구든지 복음을 전하면서 그 민족의 종교, 전통, 도덕, 관습들을 악마적인 것이라고 비난하고 곡해한다면 그는 교회의 바로 그 본성을 실제로 어기고 있는 것"이라고 타우렌은 주장한다.24) 그런데 도미니크회나 프란시스회의 신학적 입장은 보다 전통적이고 보수적인 입장이었다. 일본에서도 이 두 선교회 간에 심한 반목이 있었다. 그러나 중국에서는 이미 예수회가 선교의 주도권을 차지하고 있었기 때문에, 나머지 두 선교회는 신학적인 면에서 예수회를 공격하는 데 주력했다.

17세기 초에 이러한 배경에서 시작된 "중국 의례 논쟁"(Chinese Rites Controversy)은 로마 가톨릭의 선교 역사상 최대의 격론을 초래했다. 이 싸움에서 교황청은 도미니크 수도회와 프란시스 수도회를 지지하면서, 모든 기독교인들은 공자나 조상 제사를 지내거나 거기 참여해서는 안 된다고 공표했다. 반면에 중국의 황제는 예수회 쪽을 지지했다. 만일 조상 제사에 반대하는 자가 있으면 누구든지 추방한다고 위협했다.

이 논쟁은 근본적인 해결 없이 수세기 동안 계속되었다. 이에 리치는 이러한 심각한 논쟁을 불러온 그의 적응식 선교 방법은 결코 기독교에 대한 배교가 아니며, 중국의 지식인들에게

---

22) Ibid.
23) Ibid.
24) Ibid.

접근하여 복음을 전하기 위해서는 유교 문화에 포용력 있게 대처하는 것은 부득이한 일이라고 말했다. 또한 중국에서의 이들 지식인들이 미치는 영향력을 생각할 때 효과적인 선교 방법이라고 생각해서 한 것이라고 변명했다.

그러나 A.J. 브룸홀은 "중국의 지식인들에게는 제사나 유교 의식이 종교적 행위가 아닌 조상에 대한 자손의 존경 표시나 의무로 볼지 모르나, 평민들에게는 분명히 죽은 자의 영혼을 숭배하는 종교 의식이다" 라고 논평했다.[25]

(5) 타불라 라사 정책

'타불라 라사'(Tabula Rusa)란 말은 '말끔하게 잘 닦여져 있는 칠판' 혹은 '아무것도 쓰여 있지 아니한 백지'와도 같은 말이다. 이것이 종교에서 사용될 때는 불신자가 가지고 있는 모든 철학, 도덕, 종교적 지식이나 심성은 기독교 신앙에 해로운 것이므로 철저하게 뿌리를 뽑아 버리고 무시해야, 기독교 복음을 잘 수용할 수 있다는 이론이다.

그런데 프란시스 자비에르는 이미 일본의 높은 문화적, 도덕적 수준을 목격하고 나서, 기독교 중심의 이 타불라 라사 정책을 폐기해야 선교가 이루어진다고 주장한 바 있다. 리치는 이러한 프란시스 자비에르의 노선에 따라서 중국 문화와 종교를 이해하려 하였다. 이것은 프란시스 이후의 예수회의 선교 전통이 되어왔다.

---

[25] A.J. Broomhall, *Hudson Taylor & China's Open Century*(London: Hodder & Stoughton, 1981), 74.

리치는 중국 유교의 사상을 자연스럽게 받아들였다. 그는 중국의 고전들을 열심히 공부하여 유럽의 언어로 이를 번역하면, 이러한 중국의 고전 사상들이 인간의 유익을 위해 크게 기여할 수 있다고 생각해서 경의를 표했다. 리치는 중국인들을 진정으로 사랑했고, 또 그가 가진 과학 지식들을 중국인들에게 열성적으로 가르쳐 주려고 노력했기 때문에, 중국인들로부터 그가 받은 사랑과 존경 또한 전무후무한 것이었다.[26]

(6) 리치의 중국 선교 영향과 평가

1601년에 리치는 청나라 황실의 고급 관리인 완리(Wan Li)의 초청에 의해 북경으로 초대받고 거기에 거주하는 것이 허락되었다. 그는 중국 황제가 하사하는 녹봉을 받는 특권을 얻었다. 이것은 외국인에 대한 파격적이고도 최고의 영광스러운 것이었다. 그는 북경에 올 때 커다란 괘종시계를 하나를 가지고 와서 황제에게 진상하였는데, 황제는 이를 신기하게 여기고 호감 있게 생각하면서 이 시계를 관리하는 관직을 그에게 주었다. 그는 매일 황궁에 출근하여 괘종시계 태엽을 감는 것이 일과의 전부였다.

어쩌다가 리치의 반대자들이 황제에게 그를 참소해도 궁중의 내시들이 시계를 작동시킬 수 없었기 때문에 리치는 항상 안전하게 보호될 수 있었다.[27] 이에 대해서 리치는 "우리가 북경에 거주할 수 있었을 뿐 아니라 비할 수 없는 권위를 누릴 수 있

---

26) Tucker, 78.
27) Broomhall, 64.

없던 것은 하나님의 전지전능하신 보호 때문"[28]이라고 했다. 그는 10년 동안 북경에 살다가 1611년에 선교 사역을 마치고 하나님께 돌아갔다. 그에 의해 많은 학자들과 고급 관리들이 기독교인이 되었다.

그중 한 명이 중국 한림원 학사 폴슈(Paul Hsu)인데, 그는 리치에 의해 진실한 신자가 되었고 그 신앙을 자손들에게도 물려주었다. 그의 딸은 복음 전도사로서 전문적인 훈련을 받고 시골 지역으로 가서 전도 활동을 하였다.[29]

그의 다른 딸들도 결혼을 통해 유명하게 되었는데 그중의 한 명은 손문의 부인이고, 다른 한 명은 장개석의 부인으로서, 중국 근대 역사는 이 두 사람의 여자들에 의해 좌우되어 왔다 해도 과언이 아니다.

당시 중국에서 마테오 리치에 의해 전도받고 개종된 인구는 약 2,000명 정도인데 중국 전체 인구에 비해 이 숫자는 별것 아니지만, 이들 중에는 사회적으로 높은 신분 곧 학자와 관리들이 많았는데 이들이 중국 근대사에 큰 영향을 미쳤다. 중국 역사상 17세기와 18세기에 간헐적으로 기독교를 핍박하는 일이 있었지만 기독교인 수는 꾸준히 증가했다. 리치의 사후 50년 만에 중국의 기독교 인구는 약 120배로 증가하였다. 리치는 그의 책에서 폴슈가 주님 앞에 무릎 꿇고 기도하며 세례를 받은 후 얼마나 열심히 매일 예배를 드리고 있었는지에 대해 기록하고 있다.[30]

---

28) Rouleau, "Matteo de Ricci", 471.
29) Tucker, 79.
30) Matteo Ricci, "The Journal of Matteo Ricci", in *Classics of Christian Missions*, ed. Francis M. DuBose(Nashville: Broadman, 1979), 172-173.

마테오 리치는 중국의 개척 선교를 위해 훌륭한 선교사의 생애를 살다가 주님의 부르심을 받고 갔다. 그가 교리적인 면에서 비난받아 마땅한 요소도 있지만, 선교의 정책과 문화와의 관계에 대해서는 참고해야 할 점이 많다.

개신 교회의 세계 선교

종교 개혁의 발단

로마 가톨릭이 이렇게 전심전력으로 해외 이교도들에게 선교를 하고 있지만, 자체 안에 숲을 이루며 무성해가는 이교적 요소에 대한 내적 개혁에는 실패하고 있었다. 이때 종교 개혁이라는 새로운 세력이 대두하게 된 것이다. 종교 개혁은 기독교 세계 안에서뿐 아니라 인류 역사에 있어서 새로운 국면을 초래하였다. 기독교 안에서 뿌리 깊이 자라고 있는 이교적 신앙에 대한 도전이 종교 개혁 운동으로 나타난 것이다.

이 이교적 신앙이란 로마 가톨릭교회가 성경적 토대를 떠나 인간 본위로 우상 숭배와 세속주의에 물들어가는 것을 말하는데 날이 갈수록 그 도를 점점 더해가고 있는 것이었다. 그러므로 종교 개혁은 기독교 신앙이 성경으로 돌아가야 한다고 외친 운동이며, 이교도화되어가고 있는 기독교가 기독교 되게 하자는 운동이었다. 종교 개혁의 선봉에는 물론 마르틴 루터가 서 있었다. 그러나 그 이전의 개혁 사상가들(pre-reformers)에 대해서 간과할 수 없다.

종교 개혁의 선구자들

위클리프

위클리프(John Wycliffe, 1330-1384)는 일찍이 교황직(papacy)의 모순에 대해 의문을 제기했을 뿐 아니라 성경의 근거와 이론적 논리에 따라 공격했다. 그리고 가톨릭 교회가 제도화되어 가고 있는 잘못도 공격했다. 그는 또한 수도원의 이념이나 화체설(transubstantiation)을 배격하고, 대학 졸업생들을 훈련시켜서 가난한 사제들이라는 이름 붙여진 순회 전도자들을 배출하여 각처에 파송했다. 그는 성경이 신앙생활의 기초일 뿐 아니라 복음 전도에 있어서도 교과서가 되기 때문에, 성경을 번역해서 평신도들에게 읽혀야 한다는 사상을 일찍이 가지게 되었고, 그가 친히 성경을 영어로 번역했다.

후스

후스(Jan Hus, 1372-1415)는 위클리프의 후계자로서 그에 의해 수많은 보헤미안들이 종교 개혁의 사상을 배우게 되었다. 후에 그는 순교적 죽음을 맞이했지만, 그의 사상에서부터 모라비아교도의 선교열이 타오르게 된 것이다.

루터

종교 개혁의 선봉 주자인 마르틴 루터(Martin Luther, 1483-

1546)는 자신이 로마 가톨릭교회의 사제로서 진정한 영적 평화를 맛보지 못하고 있었다. 그렇게 지내던 중 로마서 1장 17절 "오직 의인은 믿음으로 말미암아 살리라"는 말씀에서 '오직 믿음에 의해서만 얻게 되는 구원'을 깨닫고 '칭의의 복음'을 재발견하게 되었다.

그는 1517년에 로마 가톨릭의 수장인 교황을 향해 95개 조항의 논제들을 게시했으며, 1520년에는 3권의 논문집(treatises)을 발표했다. 그리고 평신도 누구나가 성경을 다 쉽게 읽을 수 있도록 독일어로 번역하였다.

루터는 전통적인 유럽의 패턴에 따라서 명목상의 로마 가톨릭 의식주의에 대항하였고 진정으로 믿는 자들의 교회를 건설하기를 원했다. 이에 대해 지방 제후들은 루터를 적극 지지하면서 알게 모르게 루터를 후원하였다.

루터는 제자들을 선교 훈련을 시켜서 덴마크, 노르웨이, 스웨덴, 핀란드에 파송시켰다. 그 지방 말로 성경을 번역해 줄 것을 권장했다. 그는 친히 1538년에 핀란드어로 신약성경을 번역해 주었다.

칼빈

파리의 동북방 약 100km쯤 되는 곳에 대성당이 있는 누아용(Noyon)이라는 도시가 있다. 이 도시는 예부터 개혁 사상을 가진 인물들이 많이 배출된 것으로 유명해진 피카르디(Picardy) 지방의 중심이다. 누아용 대성당(The Noyon Cathedral)은 역대 프랑스 왕들의 대관식이 행해졌던 곳이다.

칼빈(John Calvin, 1509-1564)은 이곳에서 1509년 7월 10일 아버지 제라르 코뱅(Gerard Cauvin)과 어머니 잔 레프랑(Jeanne Le France) 사이에서 4남 2녀 중 차남으로 태어났다.31) 그의 아버지 제라르 코뱅은 우아즈(Oise) 강 뱃사공 출신의 천민이었으나 아들 칼빈만은 법관으로 만들기를 원했다.

그러나 칼빈은 1533년 11월 1일 만성절에 파리대학교 총장 니콜라스코프의 취임 연설문 관련 사건으로 망명을 떠나게 되었다. 그는 파리 서남쪽 약 440km 떨어진 앙굴렘(Angouleme)에 갔다. 거기서 친구 루이 뒤 틸레(Louis du Tillet)의 집에서 약 5개월간 머물면서 불후의 명작인 초판「기독교 강요」(*The Institutes of the Christian Religion*, 1536)를 썼다.

그는 다시 스위스 바젤로 가서 학자로서의 저술과 연구에 전념하고자 하였다. 그런데 바젤로 가는 길에 제네바에서 날이 저물어 여관에서 쉬는데, 제네바의 목회자 파렐이 그를 방문했다. 파렐은 그와 함께 제네바에서 목회하자고 권유하는데 칼빈이 거절하자 그는 저주를 퍼부었다. 그래서 마지못해 파렐에게 붙잡혀 3년간 목회하다가, 시의 행정관들과의 갈등으로 1539년에 스트라스부르(Strasbourg)로 갔다. 거기서 마르틴 부처(Martin Bucer)와 함께 프랑스로부터 망명 온 개신교 위그노들의 목회 사역에 동역하였다.

3년 후인 1541년에 제네바로부터의 간곡한 청빙을 받고 제네바에 돌아온 칼빈은 1564년 5월 24일 하나님의 부르심을 받기까지 거기서 목회와 가르치는 일에 전 생애를 바쳤다. 종교

---

31) 최정만, 「칼빈의 선교 사상」(서울: CLC, 2000), 30.

개혁의 완성자라고 할 수 있는 칼빈에게는 탁월한 사상이 있었다. 토착 교회 구조와 자국어에 의한 예전(vernacular liturgy)을 적극 권장하고, 교회 정치에 평신도의 역할을 추가하는 장로교회 대의정치 제도를 완성하였으니, 이것이 후에 민주주의와 3권 분립 대의정치 등의 기초가 되었다.

그러나 칼빈의 선교 사상에 대해서는 부정적인 사람들이 많다. 어떤 이들은 칼빈에게는 선교 사상이 없을 뿐 아니라 그의 예정론이 선교에 부정적인 영향을 미쳤다고 한다. 이들은 하나님이 모든 것을 예정해 놓았으니 인간적인 선교 활동은 필요 없다고 단정 짓는 자들이기 때문이다. 하지만 이것은 칼빈에 대한 최대의 무지요 오해의 결과에서 나온 생각이다. 칼빈의 연구에 좀더 깊이 들어가 보면, 칼빈이야말로 선교의 사람이라고 아니 할 수 없다. 칼빈은 과연 위대한 종교 개혁가인 동시에 위대한 선교 사상가이다. 칼빈의 예정 교리 사상은 선교 저해적 요인이 아니라 오히려 선교의 원동력으로 작용하였다.

바울 신학의 성격이 선교 신학이라고 하는 데는 반대할 사람이 없다. 그런데 칼빈 신학의 기본 구조가 담겨 있는 「기독교 강요」의 교리적 뼈대와 구조와 배열 순서는, 바울 신학의 기본 구조를 이루고 있는 로마서와 일치한다.[32] 비단 이러한 사실에서 뿐 아니라 그의 신학 전반적 성격에서 칼빈은 바울의 사상을 그대로 이어받고 있다.

로마서 9-11장은 바울의 예정론 교리가 담긴 부분인데, 바울의 예정 교리의 중심인 로마서 10장은 신약에 있어서의 핵심적

---

32) Ibid., 177-195.

이고도 심오한 선교 사상을 나타내주는, 선교의 마그나카르타 장이다. 바울 신학에 있어서 예정론의 핵은 선교의 교리로 채워져 있다. 이에 칼빈의 예정 교리도 그의 「기독교 강요」제3권 21-24장에 전개되고 있다. 그런데 이 부분 역시 칼빈이 성령론을 말하고 있는 부분이다.33)

즉 성령에 의한 선교 사역과 예정 교리가 밀접한 관계가 있음을 말해 준다. 이것은 이론적으로도 예정 교리가 선교를 배척하는 교리가 아니라, 오히려 선교를 더욱 강화해 주는 교리라는 것을 말해 주는 것이다.34)

그리고 칼빈의 종교 개혁은, 썩고 부패한 교회를 바로 세우는 것이다. 그 후에 그것을 바탕으로 제네바 교회를 선교 센터(기지)로 사용하여, 영혼을 구원하는 선교 사역을 세계적으로 펼쳐나가는 것이 궁극적 목적이었다. 그는 많은 목회자들을 교육, 훈련시켜서 프랑스로 파송했으며 멀리 브라질까지 선교사를 파송하였다.

그 당시 종교 개혁가들은 콜럼버스와 바스코 다가마와 동시대에 살았으며, 로마 가톨릭의 신앙 전도회(Congregatio de Propaganda Fide)는 선교에 매우 적극적이고 열성적이었다.35)

그리고 로마 가톨릭 신학자들 가운데는 벨라미누스(Bellaminus), 수아레즈(Suarez), 토마스 보주이스(Thomas Bozuis), 위트레흐트의 필리푸스(Philippus of Utrecht), 그리고 요하네스 브레티우스(Johannes Bretius)와 같이, 선교의 현상 및 신학적 이론에

---

33) Ibid., 190.
34) Ibid., 190-195.
35) 요하네스 베르카일, 「현대 선교 신학 개론」(최정만 역, 서울: CLC, 1991), 38.

대해 열렬하게 연구하는 자도 있었다. 그런데 동시대의 개혁자들은 왜 이들과 같이 선교 활동이나 선교 연구에 관심을 가지지 않았는가? 이 질문에 대하여, 독일이 낳은 현대 선교학의 아버지라고 할 수 있는 구스타프 바르네크와 미국의 선교역사학자인 케네스 스코트 라투렛은 다음과 같이 말한다.

(1) 개혁자들은 마태복음의 선교 명령이 사도 시대에 국한되었다고 믿었다. 개혁자들과 그의 동료들이 마태복음 28장에서의 예수님의 명령을 그들의 선교 임무에 대한 실천으로 연결시키지 못한 것을 이해할 수 없지만, 부정할 수 없는 (엄연한) 사실이다. 그 후 사라비아(Hadrianus Saravia)와 윌리엄 캐리(William Carey) 같은 후기 인물들이 개혁자들의 생각이 잘못되었음을 증명하였다.

(2) 개혁자들은 바로 가까이에 있는 유럽 내의 일부 개혁 운동에 온 마음을 빼앗기고 있었기 때문에, 먼 이방 땅에까지 가서 선교할 여유를 찾지 못했다.

(3) 개혁자들은 중세 로마 가톨릭에 대항하여 정치적, 군사적 중대한 투쟁에 대치해 있었으므로 세계 선교 임무 수행을 위해 물질적으로 필요한 자원을 가지지 못했다.

(4) 루터와 칼빈 모두 왕들과 다른 국가 통치자들에게 공적 예배를 위한 질서 유지 책임이 있다고 믿었다. 그러므로 믿지 아니하는 자를 교회에 나오게 한다든지 그들이 복음을 듣게 하는 것은 이들의 책임이라고 믿었다.

(5) 독일의 루터주의자들과 스위스의 칼빈주의자들은 비기독교인과 직접적인 접촉을 갖지 못했다(즉 지리적인 불리한 요인

때문에 종교 개혁자들이 직접적으로 선교에 참여하지 못했다). 그러므로 반데르 린드가 「네덜란드의 파송」(Zending in Nederland)이라는 저서에서, "개혁자들이……복음을 전 세계적으로 선포하는 일은 그들의 목적하는 바에 있지 않았다"고 주장한 것도 타당하다.

(6) "루터가 세계 선교를 위한 비전을 가졌다"고 발터 홀스텐(Walter Holsten)과 베르너 엘레르트(Werner Elert)가 주장하는 것에는 무리가 많다.36)

이와 같이 종교 개혁자들이 선교적이지 못했다고 하는 데는 어느 정도의 이유는 있었다. 그러나 이러한 판단은 숲은 보되 나무는 보지 못하는 것과 같다. 일에는 무슨 일이든지 순서, 곧 우선순위가 있는 법이다. 이것은 마치 마태복음 10장 5절만 보고 예수 그리스도는 이방인이나 사마리아인의 구원에는 전혀 관심이 없었다고 판단하는 것과 같다.

그러나 마태복음 28장 19-20절에서 예수 그리스도는 세계 선교의 비전을 제자들에게 주시고 제자들에게 세계 선교를 명령하시지 않는가? 또 요한복음 4장 4-42절에서는 사마리아 여인에게 복음을 전하지 않았던가?

그러면 개혁자들이 선교적이지 못했다는 점과 선교적이었다는 양쪽의 주장에 대해 알아보자.

---

36) Ibid.

종교 개혁자들이 선교에 적극 참여하지 못했던 이유

(1) 개신교도들이 강하게 움직이는 나라들은 당시에 해외 무역이나 식민지 경영에 참여하지 않는 국가들이 대부분이었다. 이러한 이유 때문에 신대륙에서의 선교 활동이 늦어진 것이다.

(2) 그들은 신앙의 본질 회복과 유럽 대륙에서의 영혼 구원을 위해 싸웠다.

(3) 그들은 진정한 교회 설립으로 부패하고 타락한 로마 가톨릭교회를 대신해야 한다고 주장했다. 이 진정한 교회란 진정한 '사도적 가르침 위에 선 교회'를 의미하는 것으로서, 로마 가톨릭교회가 사도적 교회라고 주장한 것을 개혁자들은 거부하고 자신들이 전하는 메시지가 사도적 전통을 계승한 것이라고 생각했다. 그러므로 그들은 교회의 파송 본질의 중요성에 우선순위를 두지 못했다. (이 점에 대해서는 진정한 교회, 성경적 교회의 표적이 무엇이냐 하는 것을 생각해 볼 필요가 있는데, 그것은 선교적 교회가 진정한 교회의 표적이라는 것이다. 주님의 성만찬, 세례 등에서도 교회의 그러한 본질을 나타내 주고 있다.)

(4) 종교 개혁자들은 약 150년간 로마 가톨릭교회와의 지속된 정치적, 군사적 싸움에 기력을 탕진하였다. 이런 의미에서 개혁자들에게는 유럽 그 자체가 선교지였다.

(5) 개혁자들과 그들의 신학 사상의 추종자들은, 신앙은 개인적인 것이라는 교리 내용에 너무 집착했기 때문에 선교적인 역동성이 나오지 못했다. 16세기에는 이러한 신학적 성격이 너무 강하게 지배하고 있었기 때문에 역사적 갱신 운동이 일어나지 못했다.

(6) 종교 개혁자들은 신학 중심적이기 때문에 실천 중심적인 수도원주의나 선교단을 거부했다. 이것이 개신교가 로마 가톨릭교회에 비해 선교가 뒤떨어진 요인 중의 하나가 되고 있다(수도원이나 선교단은 그 성격이 성경상의 교회와 동일 선상에서 볼 때는 교리상의 문제점이 될 수도 있으나, 선교 기구<조직>로서 매우 훌륭한 'sodality'의 역할을 역사적으로 감당해 왔다).

종교 개혁자들의 선교 사역

　(1) 그들은 독일과 북유럽 지역에서 명목상으로만 그리스도인이고 실제에 있어서는 그렇지 않은 사람들을 복음주의적 신앙을 가지도록 개종시켰다(이것은 실질적 선교 활동이다).
　(2) 루터는 자신의 밀사들(emissaries)을 덴마크, 스웨덴, 노르웨이, 핀란드에 선교사로 파송했다. 이것은 루터가 먼 지역까지 타문화권 선교 활동을 했다는 증거가 된다.
　(3) 칼빈이 제네바에서 활동한 것과 그가 영향을 미친 모든 것이 선교 사역으로 간주될 수 있다. 즉 그는 성경 번역, 자국 언어로 예배 드릴 것을 강조했고, 그의 「성경 주석」과 「기독교 강요」가 이교도 왕이나 귀족들에게 복음을 전하는 선교적 목적에서 쓰여졌다고 할 수 있기 때문이다. 이것은 매우 크고 놀라운 선교적 결과, 곧 유럽의 기독교화(Corpus Christianum)를 가져왔다. 칼빈은 또한 제네바에서 목사들을 훈련시켜서 프랑스에 선교사로 파송시켰으며 브라질에는 선교단을 파송했다. 이것은 칼빈에게는 선교 사상이나 선교 의지가 전혀 없었을 뿐 아

니라 선교 활동도 전혀 없었다고 하는 역사적으로 잘못된 판단에 대해서 그도 타 문화권 선교 사역을 했다는 귀중한 근거로 남는다.

제6장 현대 선교 사상의 뿌리

종교 개혁의 중심 사상

1792년부터 1914년 사이에는 라투렛이 명명한 "위대한 세기"(the Great Century)라는 19세기가 있다. 왜냐하면 이 한 세기 동안에 인류 역사 전체가 쌓아 온 모든 재화와 정보를 다 합친 것, 그 이상을 산출해 내었기 때문이다. 그리고 이 한 세기 동안 오대양 육대주 어디서나 복음의 기쁜 소식이 전해져서 십자가를 세운 교회를 발견할 수 있게 된 것이다. 현대 선교 사업의 정신과 열의는 사도 시대의 신앙과 생활을 재현하고자 하였다.

오순절 성령의 강림으로 시작된 신약 교회 선교는 후세 교회가 따라야 할 모델이었다. 종교 개혁이 '오직 성경'(sola Scriptura) 사상에 기초한 운동이라면 성경이 명령하는 선교의 메시지가 그 중심이 될 것이다. 따라서 종교 개혁의 중심 사상 또한 궁극적으로는 선교 사상임에 틀림없다. 그러므로 현대 선교 사상의 뿌리는 종교 개혁에서 찾아볼 수 있다. 종교 개혁 이후 개신교에서 본격적으로 타 문화권 선교사가 해외로 나가는 때가 열린 것은 1793년 윌리엄 캐리가 인도에 선교사로 떠난 해부터로 본다.

칼빈의 선교 사상

현대 선교 사상이 분명히 종교 개혁부터 발원하였다 할지라도, 그것이 역사적 시간과 지리적 공간 내에서 가시적으로 나타난 것은 1700년을 전후한 모라비아 운동(Moravian Movement)이라고 보는 사람이 많다. 그러나 칼빈은 루터나 다른 종교 개혁자들에 비해 보다 강한 선교 의식과 철저한 선교 사상을 가지고 있었다.[1]

칼빈은 자기의 조국 프랑스에 선교하기 위해, 스위스 제네바에서 목회자들에게 필요한 선교 훈련을 시켜서 프랑스로 파송했으며, 프랑스의 위그노(Huguenot: 프랑스 개신교도) 선교사들과 연합하여 브라질에 1555년 빌레가뇽(Villegagnon)을 단장으로 하는 선교단을 파송하였다. 그러나 빌레가뇽의 배신으로 이 선교단은 흩어지고, 남은 소수 인원은 예수회 신부들의 손에 의해

---

1) 최정만, 「칼빈의 선교 사상」(서울: CLC, 2000), 제1장, 제5장, 제9장 참조. 필자는 칼빈의 예정론과 선교의 관계에서 과거 수세기 동안 "선택의 교리에 의해 하나님이 구원받을 사람들을 미리 정해 놓으셨기 때문에 구태여 선교할 필요가 없다"라고 보고, 이것 때문에 개신교 선교가 막혔다고 보는 것이 칼빈의 예정론을 오해한 것이라고 했다. 하나님이 구원받을 자를 예정해 놓으셨기 때문에, 어떤 고난 가운데서도 선교는 성공해서 열매 맺는다는 확신을 주는 것이, 예정 교리와 선교의 바른 관계 이해이다. 예정론은 과연 선교의 원동력이 되었으며 칼빈은 위대한 선교 사상가였다.

무참히 학살당함으로써 이 훈련은 실패로 끝이 났다.

　종교 개혁은 그 본질상 썩어 부패해 가는 로마 가톨릭에 대한 싸움이다. 가톨릭의 정치적, 군사적, 신학적으로 가공할 만한 힘의 공세에 대항하여 생명을 건 싸움을 하고 있는 처지에도, 무엇보다도 이 싸움에 전심전력으로 집중하는 일이 절박했다. 그렇기 때문에 먼 이교도들에게 가서 선교에 헌신할 인물도, 시간적 물질적 여유도, 개신교 쪽에서는 부족했던 것이다. 거기다가 개신교 국가는 해외 식민지 영토가 없었고, 스위스나 독일 같은 개신교 국가는 지형이 로마 가톨릭에 의해 둘러싸여 있었기 때문에 이방 선교 대상지와의 접촉점이 없었다. 이런 등등의 이유를 들어서 종교 개혁 후 얼마 동안 개신교 진영에서는 가시적인 선교의 현상이 없었다고 보았다.

미국 식민지 시대

　그러나 미국이 영국의 식민지로 있을 때는 존 엘리엇(John Eliot, 1604-1690), 로저 윌리엄스(Roger Williams, 1606- 1683), 데이비드 브레이너드(David Brainerd, 1718-1747), 메이휴 가문(Mayhews) 등이 아메리카 인디언들을 상대로 선교 사역을 하였고, 퀘이커 교단을 창설한 조지 폭스(George Fox, 1624-1691)가 3명의 선교사를 중국으로 파송하였다. 그리고 루터교 선교사인 유스티니안 폰 벨츠(Justinian von Weltz)가 남아메리카의 대서양 연안에 있는 수리남(Surinam)에 파송되었으나 이 선교는 실패로 끝났다.[2]

덴마크 – 할레 선교회

개신교에서 선교가 지속적이고 성공적으로 뿌리를 내리기 시작한 것은 18세기 독일에서부터이다. 독일 루터교가 마르틴 루터의 종교 개혁 정신을 정통으로 이어오고 있다는 자부심과 권위에 집착하여 차츰 제도화하고 의식화되어 가면서 내적 생명력이 시들고 죽어갈 때, 독일에서는 이에 대한 반동으로 경건주의가 태동하기 시작하였다. 경건주의 운동의 지도자는 슈페너(Philipp Jakob Spener)와 프랑케(August Hermann Francke)로, 프랑케는 할레대학교의 교수로 있으면서, 이 대학을 유럽의 경건주의 복음 운동과 18세기의 해외 선교 운동의 중심지가 되도록 바꾸어 놓았다.

정통파 루터교 쪽에서는 이들 경건주의 운동을 '이단자들', '광신자들', '바알의 사제들', '위험한 사람들'이라고 낙인 찍었다. 이들 경건주의자들이 선교를 처음 시작한 것은 당시 덴마크 왕 페르디난트(Ferdinand) 4세가 인도의 남단 트란퀘바르(Tranquebar)에 파송할 선교사를 할레대학교에서 선발해 줄 것을 요청해 온 때부터 시작된다. 이에 대해 할레대학교는 바톨로메 치겐발크(Bartholomew Ziegenbalg)와 헨리 플뤼차우(Henry Plutschau)가 자원함으로써 덴마크-할레(Danish-Halle) 선교회가 생겼다.

그리고 10년 후에는 덴마크의 수도 코펜하겐에 선교사 양성을 위한 전문대학까지 생겼다. 1722년 그린란드에 가서 선교

---
2) Tucker, 81.

에 성공하고 많은 업적을 나타낸 한스 에게데(Hans Egede)도 이 대학 출신이다. 덴마크-할레 선교회 출신 중의 또 한 사람은 크리스티안 슈바르츠(Christian Frederic Schwartz)인데, 그는 1750년 인도에 파송되어 48년간 인도 해안을 따라 여행하면서 선교하여 교회를 세워 나갔다. 그는 인도의 여러 부족들의 말을 잘했고 독신이지만 많은 자녀를 입양하여 길렀으며, 탄조레(Tanjore) 교회가 2,000명 정도 모이기까지 성장하는 기초를 세웠다. 이 덴마크-할레 선교회는 할레대학 출신 선교사를 60명 정도 파송하였다.3)

모라비아 형제회

할레대학교의 프랑케 교수의 영향을 받은 친첸도르프(Nikolaus Ludwig Graf von Zinzendorf, 1700-1760)의 주도하에 일어난 모라비아 형제회(The Moravian Brethren)는, 뜨거운 선교의 열기를 가지고 '위대한 세기'가 도래하는 지렛대 역할을 하였다.4)

18세기에 모라비아교도들은 버진 제도(Virgin Islands, 1732), 그린란드(1733), 북미의 인디언 영토(1734), 수리남(1735), 남아프리카(1736), 남극의 사모예드족(1737), 알제리와 실론(스리랑카)(1740), 중국(1742), 페르시아(1747), 아비시니아(에티오피아)와 래브라도(1752) 등지에 선교사를 보냈으며, 그곳에 선교 기지들

---

3) Ibid., 82.
4) Ibid.

(mission station)을 구축하였다.5)

개신교에서는 교인 수에 대한 선교사 파송 비율이 5,000:1 인데 비해, 모라비아교는 60:1이다. 즉 이들은 60명의 교인이 늘어날 때마다 선교사 1명씩 파송하는 열정으로 꾸준히 선교에 임해 나갔다. 그 비결은 자급 선교를 적극 권장함에 있었다. 그들은 기술을 가지고 해외 선교사로 나가 자신들의 생활비를 현지에서 벌면서 복음을 전했다. 그리고 기술이 없는 자는 장사라도 했다. 래브라도에서는 모라비아 선교사들이 장사하여 번 돈으로 에스키모인들의 생활 필수품을 무료로 공급해 주었다.

남미의 수리남에서는 양복점, 시계점, 제과점 등의 사업을 모라비아교도들이 장악하고 있다. 18세기에는 경제적 여유를 확보한 모라비아교도들이 선교를 주도할 수 있었다. 현재 기록상 최초의 모라비아 선교사는 1732년에 서인도제도의 세인트 토머스 섬에 상륙한 도버(Leonhard Dober)와 니츠만(David Nitschmann)이다. 레오나르드는 도공이었고, 데이비드는 목수였는데, 중부 유럽의 작센 지방의 산 속에 있는 작은 기독교 단체로부터 파송을 받았다. 그 후 모라비아교도들은 150년 동안에 2,158명의 선교사를 파송했다.6) 콜린 그란트의 말에 의하

---

5) Colin A. Grant, "Europe's Moravians: A Pioneer Missionary Church" in *Perspectives*(Pasadena: William Carey Library, 1981), 206-209. Colin A. Grant was a missionary in Sri Lanka for twelve years with the British Baptist Missionary Sociey. He was chairman of the Evangelical Missionary Alliance and Home Secretary of the Evangelical Union of South America. Grant died in 1976. Reprinted with permission from the Evangelical Missions Quarterly. October 1976, vol.12, #4. Published by the Evangelical Missions Informations Service, Box 794, Wheaton, Illinois, 60187.
6) Ibid.

면 "모라비아 교회는 신약성경 기록 이후 지금까지 세계 복음화에 유례없는 기록을 남겼다."7)

친첸도르프

18세기 개신교 역사상 친첸도르프 백작만큼 선교에 공헌한 위대한 선교 지도자도 없다. 그가 개신교 선교에 미친 영향과 공헌은 영국의 존 웨슬리(John Wesely)나 조지 휫필드(George Whitefield)에 필적한다고 할 수 있다. 독일과 영국은 모두 잔인무도한 야민족의 후예들이었다. 그런데 복음 선교의 혜택을 받고 그리스도의 빛 아래로 나온 후에, 친첸도르프 백작이나 존 웨슬리 형제와 조지 휫필드와 같은 세계 선교의 물결을 주도하던 영적 거인이요 영적 전쟁의 영웅들을 만났기 때문에, 세계를 앞서가는 선진국이 되었다고 생각한다.

친첸도르프는 모라비아 형제회를 설립했으며 많은 찬송가를 작시하기도 했다. 그중에도 세계 선교 역사에 찬란하게 길이 남을 그의 빛나는 업적은, 후에 세계 선교의 위대한 준비자 윌리엄 캐리를 위한 초석을 깔아 놓았다는 데 있다.8)

친첸도르프는 1700년 독일 귀족의 부유한 가문에서 출생하였다. 그가 어렸을 때 아버지가 사망한 연고로 어머니는 재혼해서 가버렸고, 그는 외할머니 슬하에서 자랐다. 외할머니는 매우

---
7) Ibid.
8) Tucker, 84.

신앙심이 돈독한 경건주의 신자였다. 그는 어렸을 때부터 이러한 경건주의자들의 신앙 분위기 안에서 자랐고, 그의 외할머니 헨리에테(Henriette) 여사는 경건주의 지도자 슈페너 목사를 열렬히 돕고 섬기는 후원자였다. 친첸도르프의 어린 시절에는 슈페너 목사가 자주 심방을 왔는데, 이러한 분위기 아래서 친첸도르프는 9세 때부터 슈페너 목사의 영향을 받으며 이미 세계 선교의 비전을 가졌던 것이다. 어린 친첸도르프가 슈페너 목사와 외할머니 헨리에테 여사 앞에서 고백한 가슴을 울려 주는 신앙 고백은 다음과 같다.

"나는 일생에 단 한 가지 열망밖에 없다. 그것은 그분, 오직 그분, 예수 그리스도를 위해 사는 것이다." 어린아이의 이 한마디가 개신교 세계 선교의 모든 기선을 제압해 버렸다. 그 후 10세 때 그는 할레대학교로 보내어져 프랑케 교수로부터 커다란 영적 감화를 받았다. 그는 1710년부터 1716년까지 6년간 프랑케에 의해 설립된 프랑케 중고등학교(Francke's Paedagogium)에서 공부했다. 여기서 그는 자신의 개인 생활의 순결함과 예수 그리스도를 향한 열정과 충성심, 그리고 그리스도를 이웃에 알리고자 하는 선교적 의욕으로 친구들에게 커다란 영향력을 끼쳤다.

그는 여기서 5명의 친구들과 함께 겨자씨 모임(The Order of the Grain of Mustard Seed)을 결성하였다. 이 모임은 비밀 영적 단체로서 구성원은 오직 기도로 하나로 뭉쳐 있어야 하고, ① 예수 그리스도의 능력을 증거하며, ② 모든 그리스도인들이 교파에 관계 없이 교제하고, ③ 신앙의 형제를 도우며, ④ 해외에 복음을 전파하기로 서약하였다.

1716년에 그는 비텐베르크(Wittenberg)로 가서 법학을 공부하였다. 그러나 그는 출세와 장래가 보장된 그 길에 흥미를 느끼지 못하고 목사가 되기를 원했으나 귀족 가문의 전통으로는 목사가 되는 것이 허락되지 않았다. 그런데 1719-1720년 파리, 런던 등 유럽 일주 여행 중 독일의 뒤셀도르프(Düsseldorf) 미술관 전시회에서 한 그림을 만난다. 그것은 그리스도께서 십자가에 매달려 손과 발에 못 박히시고 고통 받고 계시는, 도메니코 페티(Domenico Feti)가 그린 "이 사람을 보라"라는 표제가 붙어 있는 그림이었다. 이 그림 앞에 친첸도르프가 섰을 때, 갑자기 그 그림의 주인공 예수 그리스도께서 "친첸도르프야, 나는 너를 위해 이렇게 고통을 당하고 있는데 너는 나를 위해 무엇을 하겠는가?"라고 묻는 음성이 귓전에 들렸다. 이때부터 친첸도르프는 어떤 희생을 치르더라도 남은 생애는 주님께 대한 이 빚을 갚겠다고 결심했다.

이 여행 기간 중에 그는 칼빈주의자, 가톨릭주의자 등 교단 배경이 다른 여러 사람들을 많이 만나서 대화했다. 그러던 중 그리스도인들은 서로를 이해하고 세계 복음화를 위한 선교 사역에 초교파적으로 협력해야 한다는 생각을 하게 되었다. 그는 이 여행 후 1721년 작센 법원에서 1년간 근무하다가, 1722년 22세에 에르드무테 도르테아(Erdmude Dorthea)와 결혼했다. 그의 아내는 그와 함께 찬송가 작곡도 하고, 때로는 15년 이상 남편이 선교지 여행을 다녀오는 동안, 훌륭한 내조를 보여주기도 했다.

1722년에 크리스천 데이비드(Christian David, 1691-1751)의 영도 아래 얀 후스의 후예인 모라비아교도 중의 한 그룹이 핍박을 피하여, 친첸도르프 백작의 영지인 베르텔스도르프(Berthels-dorf)로 오게 되었다. 백작은 신앙 때문에 쫓겨 온 이들을 후대하였고, 이들의 순교적 신앙을 몸소 배우고자 했다. 그리고 이들에게 최대한의 물질적 지원을 아끼지 않았다. 지금까지 지도자 없이 방황하던 이들 그리스도인 집단은, 부와 학식과 사회적 지위를 갖춘 훌륭한 지도자를 만났다. 그리고 친첸도르프로서는 박해를 피해 자기 영지로 온 모라비아교도들을 만난 것이, 그로 하여금 본격적인 세계 선교 운동의 리더로 참여하게 된 계기가 되었다.

친첸도르프는 루터 교회 내에 있으면서 새로운 모라비아 운동을 지도하고 있었는데, 루터 교회 내에서는 이에 대해 '교회 속의 작은 교회'(ecclesiolae in ecclesia)를 만들어 전체 교회를 분리시키려 한다고 비난했다. 그래서 그는 이러한 비난을 줄이기 위해 모라비아교도들에게, 루터 교회의 의식과 규정, 헌장, 전통 중 많은 부분을 적용하도록 권장했다. 그래서 친첸도르프 백작의 영지 내에 있는 모라비아 공동체는 '루터파 교회의 모라비아 형식'을 쓰는 교회로 탄생했는데, 이 공동체를 '주님의 보호처'라는 뜻을 가진 '헤른후트'(Herrnhut; the Lord's Hill)라고 불렀다.

1727년 8월 13일, 성령께서 헤른후트에 강하게 임재하신 역사가 일어나서 그 공동체에 놀라운 영적 부흥이 일어나게 되었다. 이 부흥은 공동체 모든 사람들에게 선교에 대한 헌신의 마음을 가져다 주었고, 이것이 모라비아 세계 선교 운동으로 발전하였다. 하루 24시간 기도가 이어져 나갔고, 일주일 내내 기도가 쉬지 않고 이어졌으며, 이러한 뜨거운 기도 운동은 이후 100

년 동안 계속되었다.

　1732년 덴마크 왕 크리스티안(Christian) 6세의 대관식에 참여하게 된 친첸도르프는, 모라비아교도에 의해 개종된 2명의 그린란드인 원주민과 서인도 제도에서 온 흑인 한 명을 소개받았다. 이들은 대관식을 마친 후 헤른후트에 방문해서 자기들의 나라에 모라비아 선교사를 파송해 줄 것을 친첸도르프에게 요청했다. 이렇게 선교사를 해외에 파송하기 시작한 이후 20년 동안 모라비아 선교사들이 보낸 선교사 수는 그전의 모든 개신교단과 영국 국교회(성공회)가 보낸 선교사 수보다 더 많았다. 그는 1738년에 3명의 선교 지원자들과 함께 카리브 해까지 가서, 이미 사역하고 있는 선교 팀들과 합류하려 했지만, 그들은 모두 감옥에 들어가 있었다. 이에 친첸도르프는 귀족이라는 신분과 특권을 이용해서 이들을 모두 석방시켰다.[9]

　그는 그곳에 머무는 동안 원주민들과 매일 예배를 인도하는 한편, 선교회 조직을 개편해서 그들에게 선교 영역을 할당해 주기도 하였다. 이렇게 하여 그는 선교지에서의 선교 사역이 든든하게 되어 가는 것을 직접 확인한 후에야 유럽으로 돌아왔다.

　1740년에는 그는 미국 선교지를 방문하였다. 여기서 인디언 선교 사역과 함께 모라비아파와 루터파의 합동을 추진하기도 하였다. 그런데 루터파 쪽의 비협조로 성공을 거두지 못하였다. 또한 그는 인디언들의 선교 사역을 위해 20명의 선교사들을 더 증원해 주었다. 친첸도르프는 이렇게 해외 선교 사역의 지도를 위해 33년간을 해외에서 보냈다.

---

9) Tucker, 84.

대부분의 모라비아 선교사들은 성직자가 아닌 평신도들로서, 신학자의 훈련이 아닌 복음 전도자의 훈련을 받은 사람들이었다. 이들 대부분이 직업을 가지고 복음을 전하는 자급 선교사들이었다. 이들은 개종자들과 함께 생활하면서 말이 안 될 정도로 가난한 생활로 자신들의 신앙을 증거했으며, 원주민보다 부유한 생활을 결코 하지 않고 똑같은 생활을 하면서 고통을 함께 나누었다. 이들은 순수한 복음 전도에만 힘쓰고 지역의 정치나 경제적인 문제에 휘말리는 일이 없도록 조심했다. 그들은 그리스도의 사랑이라는 아주 간단한 메시지만 전했고, 회심하기 전까지는 일부러 어떤 교리도 가르치지 않았다.[10]

회심 후에는 신학적 지식이나 교리보다는 그리스도와의 연합 안에서의 신비한 체험을 강조했다. 젊은이들은 선교를 위해서 되도록 독신으로 있기를 원했으며, 결혼할 경우 그 배우자 선택을 제비뽑기로 결정하기도 하였다.[11]

그의 첫 번째 아내 에르트무트(Erd Muth)는 그와 결혼한 지 15년 만에 죽었다. 그 후 그는 평민 농부 출신의 안나 니치만(Anna Nitchman)과 재혼했다. 안나는 신비주의적인 신앙이 강했다. 그녀는 자신을 "쓸모 없는 벌레 같은 나라도 주님의 상처 속에 묻히기 원합니다"라고 하였고, 백작도 자기 자신을 "주님의 은총의 바다 속을 떠다니는 피 묻은 작은 벌레"라고 표현했다. '작은 바보들의 선교단'(Order of Little Fools)을 조직한 백작은 회원들에게, 어린아이들같이 행동하고 자기를 '보혈 속을 헤

---

10) Ibid., 87.
11) Ibid., 88.

엄치는 피라미 한 마리' 혹은 '그리스도의 상처 속에서 피를 빠는 한 마리 벌'같이 여기라고 하였다.[12]

그런데 이러한 지나친 신비주의적 체험 강조 때문에 실제적인 선교 사역은 약화되고 쇠퇴해 갔다. 불행 중 다행인 것은 백작이 나중에야 정상적인 상태로 회복되었다는 사실이다. 그는 지나친 신비주의와 현실 도피주의의 잘못된 신앙 때문에 선교의 약화를 깨닫게 된 것이다. 그래서 그는 심히 어두워져가던 영적 상태에서 돌이켜 선교 사역에 다시 정진하게 되었다. 독일 루터교에서는 이들 모라비아 교파를 이단으로 정죄하고, 작센 정부는 1736년부터 이들에게 추방령을 내렸다. 이후부터 친첸도르프 백작은 헤른후트를 떠나서 모라비아교도들의 세계 선교 운동에 리더로 적극 동참하였다.

---

12) John R. Weinlick, *Count Zinzendorf*(Nashville: Abingdon, 1956), 20.

제7장 북미 대륙 인디언 선교

식민 정책과 인디언 선교의 갈등

북미 대륙에서의 선교 개척자들은 로마 가톨릭이었다. 로마 가톨릭 수도원의 일파인 프란시스 수도회 신부들이 미국 서남부 지역 푸에블로(Pueblos)에서 선교 사역을 했다. 그들은 지금의 샌디에이고에서 로스앤젤레스에 이르는 해안선을 따라 올라가면서 많은 선교 기지를 세웠다. 그들의 사역에 의해 이 지역의 인디언들, 인디언 전통과 샤머니즘적인 옛 종교에 미련을 가지긴 했지만, 명목상으로는 그리스도인이 되었다.

프란시스 수도회 선교사들보다 1세기 뒤에 온 프랑스의 예수회 선교사들은, 오늘날의 캐나다 온타리오 주에 있는 세인트 로렌스(St. Lawrence) 골짜기에서 휴런족(Hurons)에게 기독교 복음을 전했다.[1]

---

1) Tucker, 103.

17세기 중반에는 이 부족의 절반 정도가 명목상으로는 기독교인이 되었으나, 이로쿼이 연맹(Iroquois League)이 휴런족을 토벌하면서 이 지역 선교사들이 모두 쫓겨 나거나 순교를 당했다. 그리고 선교단장이었던 장 드 브레보(Jean de Brebeau)가 심한 고문 끝에 처형됨과 함께 예수회의 후론족 선교는 실패로 끝났다. 퀘벡과 다른 곳에서도 선교 사역이 시도되었으나 모두 비슷한 결과로 끝이 났다.2)

물론 북미주 대평원과 오레곤 주에 있는 인디언들을 상대로 로마 가톨릭의 선교도 시도되었지만, 북미 인디언들에게 지속적이고 보다 효과적인 선교 활동을 한 것은 개신교 선교사들이었다.3) 영국은 신대륙으로 진출할 때부터 인디언 원주민들에게 기독교 신앙을 전해야겠다는 강렬한 열망이 있었다. 그러나 운송업자, 무역하는 상인, 그리고 신대륙 경영의 야망을 품은 정치 지도자들은 자신의 사업상의 번영과 성공에 플러스가 된다는 계산에 의해 선교 사업을 지원하였다. 그리고 식민주의자들은 인디언 원주민을 기독교로 개종시키면 식민지 경영이 훨씬 순조롭고 유익이 될 거라는 이기심에서 인디언에 대한 복음 사역을 장려하였다.4)

영국 국왕의 후원 아래 버지니아 헌장(Virginia Charter)이 발표되었다. 그 헌장에는 "암흑 가운데서 아무것도 모른 채 불쌍한 생활을 하고 있는 인디언 원주민들에게 그리스도교 신앙을 전파할 것이다"라고 되어 있다. 또 매사추세츠의 만 헌장(The

---

2) Ibid.
3) Ibid.
4) Ibid.

Massachusetts Bay Charter)에는 다음과 같이 되어 있다. "이 지역의 원주민들에게 인류의 구원자이신 참되신 하나님을 알고 그에게 경배하는 그리스도교 신앙을 심어 주기로 서약한다."5) 또 코네티컷 헌장(The Charter of Connecticut)에는 "복음화는 식민지를 세우는 유일하고도 중요한 목적이다"라고 되어 있다.6)

그 외 펜실베이니아와 기타 다른 식민지 주에서도 인디언들을 개종시키는 일의 중요성을 지적하고 있다. 또한 한 식민지 서류에서는 "인디언들이 '어서 와서 우리를 도와주시오'라고 요청하고 있으므로, 이들을 돕는 선교를 펼쳐 나가야 한다"고 적고 있다.7)

그러나 이들 식민지 헌장들은 듣기 좋은 미사여구 곧 "빛 좋은 개살구"에 불과했다. '불쌍한 야만인', '토착민', '적색인'(Redskins), '잃어버린 이스라엘 부족'으로 불리는 이들은, 백인들에게는 잠재적인 그리스도인들이 아니라, 항상 경계하고 조심해야 할 잠재적 적으로 인식되었다. 복음화나 그리스도의 사랑, 선교라는 말은 현실적인 이해관계와 탐욕의 그늘 아래 가려져 있었고 선교사는 항상 멸시의 대상이 되었다.

그런데 매사추세츠 주만은 다른 식민지와는 달리 인디언 원주민들에 대한 선교 헌장을 성실하게 지키려고 노력했다. 이곳에서만은 선교사들이 존경받았으며, 인디언들뿐 아니라 식민지에 거주하는 백인들을 복음화시키는 이중의 책임을 떠맡았다.8)

---

5) Ibid.
6) Ibid.
7) Ibid.

미국에서의 인디언 선교는 매우 감동적이고 헌신적인 내용들을 의욕적으로 담고 있으나, 결국은 큰 실패로 끝나고 말았다. 그 이유는 무엇일까? 왜 그렇게도 많은 투자를 한 선교 사업인데 실패로 끝났을까? 그 이유는 3가지이다. ① 땅의 약탈 ② 문화적 침략 ③ 점진적인 인종 말살 정책 때문이었다.[9] 이제 북미 인디언 선교를 펼쳐간 선교사들을 살펴 보자.

로저 윌리엄스

로저 윌리엄스는 탐험가로서 로드 아일랜드(Rhode Island)를 발견하였다. 그는 인디언과 백인들 사이에서 교역을 담당하면서 선교에 정열을 쏟았다. 그는 인디언의 말을 배우고 그들의 친구가 되어서 그들을 위해 40년간 선교 사역에 헌신하였다.

존 엘리엇

북미주 인디언 선교의 개척자는 록스베리(Roxbury) 교회의 담임목사인 존 엘리엇(John Eliot, 1604-1690)이다. 그런데 후세 사람들은 그를 '인디언의 사도'라고 부른다.

그는 1604년 영국 비국교도 출신 가정에서 태어났다. 그는 1622년 18세의 나이로 케임브리지대학교를 졸업하였다. 대학에서 목회에 대한 충분한 교육을 받았으나 비국교도라는 이유

---

8) Ibid., 104.
9) Ibid., 102.

때문에 영국에서 목사직은 맡지 못하고, 수년간 토머스 후커(Thomas Hooker) 아래서 학교 교사로 일하다가 미국에 왔다.[10]

1631년 매사추세츠 주에 정착하였고 그의 형제, 자매, 친척들이 많이 있는 록스베리 교회 담임목사가 되었으며, 1632년 10월에 한나 멈퍼드(Hanna Mumford)와 결혼하였다. 이때 뉴잉글랜드 거주 인디언들은 백인들이 옮겨놓은 전염병에 면역력이 없어서 죽어가고 있었는데, 그때 백인들은 하나님께 이렇게 기도했다. "오 하나님, 당신께서 택하신 백성을 위해 이렇게 땅을 깨끗이 청소하시는 것을 감사 드립니다." 그러다가, 1644년 엘리엇이 40세가 되었을 때에야 비로소 선교에 대한 올바른 자각을 가지게 되었다.

그는 인디언 언어를 공부하기 시작했다. 2년간 괴상한 발음과 어려운 어조를 가진 알공킨(Algonquin) 언어를 공부했지만, 그것을 배우기가 쉽지 않았다. 그런데 피쿼트 전쟁(Pequot War)에서 포로가 된 코케노(Cochenoe)라는 청년이 그의 언어 공부를 돕게 되었다. 코케노는 엘리엇이 선교 지역 여행을 할 때는 아내 겸 통역으로도 도왔다.

1646년 가을부터 엘리엇은 인디언들에게 처음으로 설교를 했다. 워반(Waban)의 오두막에서 인디언들을 모아 놓고 설교했을 때 그 반응이나 효과가 매우 좋았다.[11] 집회를 마친 후에 아이들에게는 사과와 사탕을 주었고, 어른들에게는 담배를 대접하였다. 그의 인디언 집회는 성공적이었고, 많은 사람의 사랑과

---

10) Ibid., 104.
11) Ibid., 105.

환영을 받았다. 집회 후에 어린이들에게는 교리를 암송하게 하였고, 어른들에게는 집회 때 들은 내용을 다시 복습하게 하였다. 그리고 집회 후 기도회가 항상 있었다.

그가 십계명과 그리스도의 사랑을 설교할 때는 눈물과 흐느끼는 울음으로 반응하는 인디언들이 많았다. 그리고 그들은 말했다. 이렇게도 중요하고 좋은 진리를 백인들은 왜 이제야 전달해 주었냐고……. 엘리엇은 알퀸(Alquin)어로 미리 써서 준비한 원고로 설교하였다. 한쪽 어깨는 백인 교회 담임목사로서의 무거운 짐을 지고, 다른 한쪽 어깨에는 인디언 선교사라는 또 하나의 무거운 짐을 진 엘리엇 목사는, 교구 성도들과 이웃 교회 목회사들의 도움을 받으면서 이를 잘 감당해 나갔다.[12]

이러한 어려운 이중 사역을 엘리엇이 성공적으로 감당할 수 있었던 것은 그의 낙천적인 성품 때문이었다. 시간이 지남에 따라 인디언 개종자 수가 눈에 띄게 늘어났다. 그리고 인디언들의 생활에도 큰 변화가 나타나기 시작했다. 이 당시 엘리엇의 첫 번째 인디언 선교 집회 후 1년이 안 되어 나온 보고서는 다음과 같다.

> "이제 인디언들은 그들의 무당 의식을 완전히 버렸다. 그들은 오두막에서 아침에 일어나 기도하고, 저녁에도 기도했다. 그들은 주일을 거룩하게 지켰다. 이를 어기는 자는 벌을 주는 법까지 만들었다. 주일을 지키지 않는 자는 20실링을 내야 했다. 그들은 일년 내내 팔 물건을 만들기 위해 성실하게 일했다."[13]

---

12) Ibid., 106.
13) Ola E. Winslow, *John Eliot*(Boston: Houghton Mifflin, 1968), 113.

엘리엇은 기독교 인디언들이 특별한 보호 구역을 가지도록 노력하였다. 인디언 개종자들이 불신자들로부터 받는 위험을 줄이고 이들을 보호하기 위해 특별한 지역이 필요하다는 것을 관계 당국에 호소하였다. 백인 정착민 지역이 확산됨에 따라 인디언들이 사냥하고 수렵할 수 있는 지역이 줄어만 갔기 때문이다. 엘리엇이 주 의회에 나가 호소한 결과, 보스턴 남서쪽 24km 떨어진 지역에 수천 에이커의 땅을 허락받고, 거기에 '기도하는 도시' 네이틱(Natick)을 설립했다. 이곳은 인디언 고유의 장막과 유럽식 건물들이 혼재되어 있는 도시였다. 도시를 10등분, 50등분, 100등분 하고 각 구역의 대표 격인 남자를 뽑아서 다스리도록 책임을 맡겼다.[14]

그는 참된 기독교화는 마음과 영적 상태의 변화뿐 아니라 생활양식과 문화 면에서도 변화되어야 한다고 믿었다. 그러나 이것이 그의 선교에 있어서 큰 실수였다. 복음과 함께 문화도 서구의 것을 따르도록 한 것이었다. 엘리엇은 매사추세츠 주 의회에 호소하여 인디언들을 위해 더 많은 땅을 제공해 줄 것을 역설했다. 1671년에는 1,100명의 인디언들에게 14개의 '기도하는 도시'를 제공할 수 있었다.[15]

그리고 1649년, 그가 워반의 장막에서 설교한 지 3년이 지난 후부터 성경 번역에 착수하였다. 1654년에는 창세기와 마태복음이, 1661년에는 신약 전서, 1663년에는 신·구약 전서가 번역 완료되어 출판되었다.[16] 뿐만 아니라 엘리엇은 지도자

---

14) Ibid.
15) Ibid.
16) Ibid.

양성에 집중하였는데, 1660년까지 24명이 훈련받았다. 안수받은 인디언 목사들이 여러 교회에서 나왔고, 여러 도시에 인디언들을 위한 학교도 세워졌다.

그런데 백인들이 인디언들의 땅을 아무런 대가 제공도 없이 빼앗아 갔다. 이 때문에 1675년 여름, 왐파노아그(Wampanoag) 족 추장의 비밀 공격 계획을 식민지 관리에게 알리려 했던 인디언들을 추장의 전사들이 죽인 사건 때문에, '필립 왕의 전쟁'(King Philip's War)이라 부르는 전쟁이 터졌다. 이 전쟁으로 13개의 인디언 정착촌이 파괴당했고 인디언들은 모두 내쫓겼다. 그리고 인디언들의 호적이 식민지 당국자들에 의해 소멸되어 버렸다.[17]

이 전쟁 때문에 수백 명의 그리스도인 인디언들이 황량하고 메마른 섬에 추방당하여 겨울의 추위를 이겨내야만 했다. 비참한 겨울 동안 엘리엇은 그 섬을 여러 번 방문했고, 그들에게 필요한 음식과 약품을 공급해 주어야 한다고 당국에 여러 번 호소했으나 번번이 거절당했다. 그래도 그 섬으로 쫓겨난 인디언들은 생명만은 유지할 수 있었지만, 남아 있던 인디언들은 복수심에 불타는 비겁한 백인들에 의해 무차별 학살당했다.

이러한 필립 왕의 전쟁은 72세 된 존 엘리엇 선교사에게는 물거품과 같은 인생 허무를 느끼게 해주는 사건이 되었다. 수십 년 동안 자신을 희생하면서 전심전력하여 가꾸어 온 선교의 밭이 황폐해진 것이다. 그래도 존 엘리엇은 포기하지 않았다. "내가 걸어 다닐 수 있는 발이 있는 한 인디언들을 위한 선교 사역

---

17) Ibid., 109.

은 포기하지 아니할 것입니다."[18]

1690년 그의 나이 85세에 임종하기까지 인디언들을 위한 성경 번역 사업을 한 것은, 후세 선교사들의 인디언 선교를 위한 초석이 되었다. 그리고 그의 영향을 받아 영국 국교회 SPG(Society for the Propagation of the Gospel)가 설립되었다. 엘리엇의 선교 사역이 성공할 수 있었던 것은 그의 낙천주의적 성격, 타자 중심의 삶, 그리고 하나님만을 철저히 의지하고 나아가는 신앙 중심의 삶 때문이었다.[19]

메이휴 가문(The Mayhews)의 선교사들

토머스 메이휴 1세(Thomas Mayhew, Sr.)는 1630년 존 엘리엇과 비슷한 시기에 미국에 도착했다. 미국에 도착한 그는 매사추세츠 주 마서즈 빈야드(Martha's vineyard) 지역에 정착하면서 그 일대의 넓은 토지를 매입하여 대지주가 되었다.

그의 아들 토머스 2세(Thomas Mayhew, Jr.)는 신학을 공부한 후 20대 초반에 목사 안수를 받고, 마서즈 빈야드 지역에 와서 백인 정착민들에게 복음을 전했다. 그는 존 엘리엇과 같은 방식으로 백인 목회와 인디언 선교를 병행해 나갔다.[20]

그의 인디언 선교는 일대일 사역이었다. 1643년 그의 선교회 첫 열매로 히아쿠메스(Hiacoomes)라는 인디언 개종자가 나왔다. 그리고 토머스 메이휴 2세와 히아쿠메스는, 이후부터 함

---

18) Ibid., 179.
19) Tucker, 111.
20) Ibid.

께 여행하였고 히아쿠메스가 통역하였다. 이렇게 약 10년 동안 선교하였더니 300여 명에 이르는 개종자가 나왔다. 메이휴는 그들을 위한 학교를 설립하였다.21)

그는 1655년 인디언 제자 한 명을 데리고 인디언 선교 사역의 현황과 비전을 영국 교회에 알리고자 가는 도중 대서양에서 폭풍을 만나 실종되었다. 그의 아버지 토머스 메이휴 1세는 70세가 넘은 고령에도 불구하고 아들이 남겨 놓은 사역을 떠맡기로 했다. 그는 신학 공부를 이수하지 않았다. 비록 정식 목회자는 아니었지만, 인디언들의 문화와 사회 관습 등을 잘 이해하고 존중해 주었기 때문에, 모든 인디언들이 그를 따르고 존경하였다. 그는 92세까지 22년간 인디언 선교 사역을 성공적으로 잘 마치고 임종 때 손자 존 메이휴에게 그 사역을 맡겼다. 그 후 그의 4대손인 익스피어리언스 메이휴(Experience Mayhew)도 인디언 선교 사역을 맡아서 32년간 선교사로 헌신하였다.22)

데이비드 브레이너드

인디언에게 복음이 전해진 선교 역사 가운데 최고의 선교사로 알려진 사람이 데이비드 브레이너드(David Brainerd, 1718-1747)이다. 그가 인디언 선교 사역에 바친 기간은 5년이라는 비록 짧은 기간이었고 29세라는 젊은 나이에 주님의 부르심을 받아 하늘나라로 갔지만, 그럼에도 불구하고 역사상 존경받고 인

---

21) Ibid.
22) Ibid., 112.

정받는 중요한 인물이 되었다. 그것은 소박하고 경건한 청교도의 삶과 매우 열정적이고 적극적인 선교 활동으로 수많은 사람들에게 도전이 되었기 때문이다. 그가 청교도의 후손으로서 인디언 선교에 헌신하던 시기는 미국의 대각성(The Great Awakening) 기간이었다.

대각성 운동의 지도자였던 조나단 에드워즈(Jonathan Edwards)는 브레이너드의 편지와 일기 등을 모아서 그의 전기를 출판하였다.23) 브레이너드가 위대한 세기의 선교 지도자로 널리 알려지는 데 큰 역할을 한 것도 아마 이 책의 영향이 컸던 것으로 판단된다. 이 책이 기독교 고전 중의 고전으로 수많은 그리스도인들에게 감명을 주었을 뿐 아니라, 윌리엄 캐리, 헨리 마틴(Henry Martyn) 등이 읽고 크게 감동받았고 그들로 하여금 선교사로 헌신하게 하는 계기가 되었다고 한다.24)

데이비드 브레이너드는 1718년 코네티컷 주 해덤(Haddam)에서 태어났다. 코네티컷 강이 내려다보이는 대농장에서 8명의 형제자매들과 함께 행복하게 자라던 브레이너드는 겨우 8살 때 아버지를, 14살 때 어머니를 잃어 고아가 되었다. 부모를 잃은 이 크나큰 슬픔 때문에 그의 어린 시절은 보통의 아이들처럼 행복하지 못했으며, 죽음이 언제나 그의 가까이서 서성거리는 불안한 정서 속에서 자라났다고 한다.

20세 될 때까지 그는 아버지가 물려주신 농장에서 누이들과

---

23) Jonathan Edwards, *The Life and Diary of David Brainerd*(Chicago: Moody, 1949), 141-146. 「데이비드 브레이너드: 생애와 일기」(크리스챤다이제스트)라는 제목으로 번역, 출판되었다.
24) Tucker, 112.

함께 일하다가, 해덤으로 돌아가 나이 많은 경건한 목사님께 배우면서 함께 지내게 되었다. 그 목사님은 브레이너드에게 "젊음에만 안주하지 말고 영원한 세계를 바라보게"라고 충고했는데, 이 충고가 브레이너드에게는 매우 큰 영향을 미쳤다.25)

그는 영원한 세계를 향해서 끊임없는 영적 투쟁을 해 나가면서 '말할 수 없는 은총을 체험'했으며, 구원의 확신을 가진 후에도 영적 상태의 굴곡은 계속되었다. 그가 예일대학교에 입학한 것이 1739년 9월인데, 이때 21세였다. 이때까지 예일대학교는 비신앙적인 분위기에 지배되어 있었고, 대부분의 교수와 학생은 종교적 무관심 상태에 있다는 사실에 브레이너드는 큰 충격을 받았다.26) 그가 예일대학교 학생으로 공부하고 있는 기간에 조지 휫필드 목사가 이끄는 대각성 운동이 미국의 동부 지방에서 시작하여 전국으로 불붙기 시작했다. 그 영향을 받아 뉴잉글랜드 지방에 있는 대학 캠퍼스에서는 성경 공부와 기도 모임이 밤늦게까지 진행되었는데, 학교 당국에서는 이러한 움직임을 '광신적'인 성격으로 판단해서 매우 싫어하였다.27)

이러한 상황 가운데서 브레이너드와 어떤 교수의 불화가 문제 되었다. 브레이너드는 학생 신분으로 그 교수의 비신앙적이고 위선자적인 태도에 격분해서 그에게 '더 이상의 은혜를 누릴 수 없는 사람'이라고 폭언한 것이 학교 당국에 알려졌다. 이 사건이 확대되어, 학교 당국은 '대각성 운동의 비이성적 증거'라

---

25) Elisabeth D. Dodds, *Marriage to a Difficult Man: The Uncommon Union of Jonathan and Sarah Edwards*(Philadelphia: Westminster, 1971), 118.
26) Tucker, 113.
27) Ibid.

고 대각성 운동을 단정 지은 후, 브레이너드에게 공개 사과를 명했다. 이에 대해 브레이너드는 사적으로 한 이야기를 공개적으로 사과할 수 없다고 맞서다가 퇴학을 당했다.[28]

이 퇴학 사건 때문에 그는 큰 충격을 받고 수년 동안 우울증으로 고생했다. 몇 차례의 재입학 노력도 소용없었다. 그러나 그는 짧은 학창 시절이었지만, 그때 펨버튼(Ebenezer Pemberton)이 인디언 선교에 관한 강좌를 열고 있다는 소식을 듣고 기억하고 있었다. 그러다가 11월 예일대학교에서 퇴학당한 후, 데이비드 브레이너드는 펨버튼과 손을 잡게 되었다.

펨버튼은 브레이너드를 뉴욕으로 초청해서 인디언 선교 정신을 고취시켰다. 펨버튼은 미국 목사였지만 스코틀랜드에 있는 '기독교 지식의 전파'(Propagation of Christian Knowledge)라는 선교 기관의 총무로 봉사하고 있었다. 그런데 그 선교회가 인디언 선교를 결정하자 펨버튼은 브레이너드를 인디언 선교사로 파송하고 그에게 후원을 결정했던 것이다.[29]

브레이너드는 뉴욕 주의 카우나우믹에 사는 인디언들에게 가서 첫 사역을 시작하였다. 그리고 인디언 언어는 매사추세츠 주의 스톡브리지에서 사역하고 있는 존 서전트(John Sergeant) 선교사에게 가서 배웠다. 존 서전트는 그의 아내 아비가일(Abigail)과 함께 8년 동안 인디언 선교 사역을 하면서 100명 이상의 인디언 개종자에게 세례를 주었다. 그리고 인디언 언어로 성경 번역도 했다. 데이비드 브레이너드가 이 선배 선교사로부터

---

28) Ibid.
29) Ibid., 114.

체계적이고 인내심을 겸비한 선교 사역을 배우면서 있었더라면, 아마도 미국의 인디언 선교 사역은 많이 달라졌을 것이다. 그러나 브레이너드는 독립심이 강하고 영웅심이 강해서 혼자 힘으로 인디언을 복음화시켜 나가고자 했다.30)

이러한 성격 때문에 그의 초기 선교 사역은 낙심되는 일뿐이었다. 영적으로 피곤하고 지쳐서 죽고 싶은 마음뿐이라고 그의 일기에 기록했다. 처음 몇 주간은 통역도 없이 인디언들에게 설교하려고 했다. 그러다 나중에는 스톡브리지에서 온 인디언의 통역으로 도움을 받았다. 그리고 올버니(Albany)에서 25km 떨어진 사막 같은 곳에서 침대도 없이 널빤지 위에 밀짚을 깔고 잠을 자며, 매일 2.5km의 길을 걸어 인디언들에게 복음을 전하러 다녔다.

그러나 그의 인디언 선교 사역은 열매 맺는 것이 없었다. 헐벗고, 굶주리고, 잠도 못 자고 숲 속에서 길을 잃기도 하고, 강물에 빠져 죽을 뻔한 일도 있었다. 1744년 3월 카우나우믹 사역 1년 만에 브레이너드는 그들에게 고별 설교를 했다.31)

그 후 두 번째 사역 지역은 필라델피아 북쪽 델라웨어 강(Delaware River) 분기점에 있는 펜실베이니아였다. 여기서는 인디언 추장 집에 초대받아 가서 설교하는 일이 자주 있었고 인디언들로부터 환영받았다. 그러나 이곳에서 그의 새로운 통역자가 된 타타미(Tattamy)는 술을 즐길 뿐 아니라 영적 안목이 너무나 가린 자여서, 브레이너드의 통역에는 적임자가 못 되었

---

30) Ibid.
31) Ibid., 115.

다.32)

그렇게 델라웨어 포크스(Forks)에서 몇 달을 보낸 후 서스퀘해나(Susquehanna) 강변에 사는 인디언을 만나기 위해 서쪽으로 여행하였다. 이것은 매우 힘든 여행이었다. "광야 속으로 여행했는데, 그 길은 한번도 경험해 보지 않은 위험한 길이었다. 가도 가도 첩첩산중이고 험준한 계곡들과 길을 막는 바위덩어리뿐이었다." 여기서 그가 타고 가던 말이 바위 사이에 다리가 끼어 부러졌다. 그는 하는 수 없이 아끼고 아끼며 타고 다니던 말을 자기 손으로 죽여야 했다. 그리고 45km를 더 걸어서 간 후에 그곳 촌락에서 설교하였으나 아무런 성과도 없었다. 그는 다시 델라웨어 포크스로 돌아왔다. 그곳에서 2년을 더 머물렀으나 선교의 열매는 없었다.

모든 것을 다 포기하고 싶은 생각도 들었으나, 마침 1745년 여름에 반가운 소식이 왔다. 포크스에서 남쪽 약 130km 지점에 있는 뉴저지 주 크로스윅성(Crossweeksung)에 사는 인디언 중 기독교를 환영하는 인디언이 있다는 소식이었다. 그는 구세주를 만난 듯한 기쁜 마음으로 뉴저지를 향해서 또다시 이삿짐을 정리해서 떠났다.33) 그가 뉴저지 주 크로스윅성에 왔을 때, 인디언들뿐 아니라 백인들까지 먼 곳에서부터 그의 설교를 듣기 위해 몰려왔다. 한 주일에 평균 25명의 개종자에게 세례를 주었다. 이듬해 겨울에는 학교까지 세울 수 있었다.

1745년 여름부터 크로스윅성을 중심으로 하여 마치 미국 동

---

32) Ibid.
33) Wynbeek, *David Brainerd*, 113.

부의 대각성 운동과 같은 대부흥 운동이 인디언들 사이에 일어났다. 이에 대해 1745년 8월 6일자 브레이너드의 일기에는 다음과 같이 적혀 있다.

"8월 6일 나는 우리가 살고 있는 집에서 인디언들에게 설교했다. 많은 사람들이 은혜를 받고 마음 문이 열렸다. 영혼 문제에 대해 몇 마디만 해도 눈물을 흘리고 탄식하며, 한없이 흐느껴 울었다. 오후에도 그들이 다시 와서 복음을 들었다. 55명 중 40명이 설교 내용을 이해하였다. 요한일서 4장 10절 '사랑은 여기 있으니'에 대해 설교했다. 주께서 놀라운 은혜를 쏟아 부어 주셨다. 40명 중 3명만 빼고 37명은 눈물과 통곡을 억제하지 못했다. 부드럽고 온유한 복음이 저들의 심장을 얼마나 강하게 꿰뚫었는지 놀라지 않을 수 없었다. 주님의 강하고 능력 많으신 팔이 우리를 붙들고 계셨던 것이다."34)

1746년 봄, 데이비드 브레이너드는 뉴저지에 흩어져 있는 인디언들을 크랜베리(Cranbury)에 정착시키기로 하고 거기에 교회를 세웠다. 부흥이 계속되어 1년 만에 150명이 모였다. 그러나 그 해 겨울에 심한 폐렴을 앓게 되었고, 이듬해 19주 동안 매사추세츠 주 노샘프턴에 있는 조나단 에드워즈 목사관에서 그의 약혼녀이자 목사님의 딸인 제루사의 간호를 받으며 하늘나라로 갔다.

---

34) Ibid., 114.
34) Edwards, 141, 146.

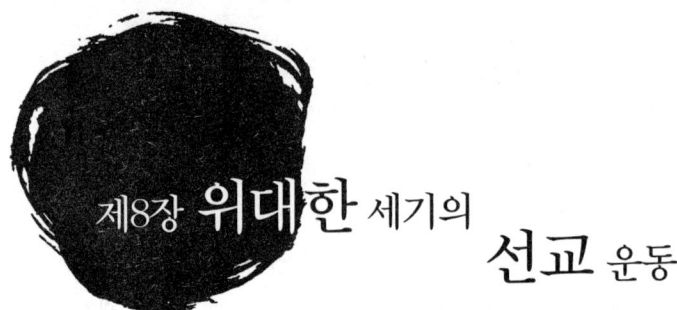

제8장 위대한 세기의 선교 운동

윌리엄 캐리의 생애와 선교

출생과 교육

캐리는 1761년 8월 17일 영국 중부의 노샘프턴셔(Northamptonshire)에 있는 타우스터(Towcester) 부근의 작은 마을인 폴러스퍼리(Paulerspury)에서 태어났다. 그의 아버지와 할아버지는 마을 학교의 교장과 교구 서기를 지내 왔으며, 캐리의 가족은 덕망 있고 신앙심이 깊었으나 가난했다. 하지만 캐리는 소년 시절부터 개방된 마음으로 탐구욕에 가득 찼으며, 우수한 학생이자 근면한 노력가였다. 그는 세밀하게 모든 지식들을 받아들였으며 항상 지식욕에 불탔다. 그는 표준에도 미치지 못하는 초보적인 교육밖에 받지 못했지만, 항상 배움에 대한 특별한 애착과 노력을 평생 기울였다. 그 결과 오늘날까지도 가장 교육을 많이 받은 사람들보다 더 선각자적인 지성인이 되었던 것이다.

캐리는 어렸을 때부터 취미가 곤충 채집이었는데, 그의 누이동생의 도움으로 온갖 식물과 꽃들의 표본을 수집하여 이름을 써 놓고 각 유형별로 분류해 놓았다. 그래서 그의 방은 마치 곤충 박람회와 같았다. 자연에 대한 역사와 식물학에 대한 이런 흥미는 후일 인도 사역에서 식물원 건설의 기초가 되었다. 캐리의 원예 기술은 인도에서 많은 친구들을 얻게 했으며 이로 인해서 존경도 받게 되었고, 이러한 동기가 복음 전도에 많은 기회를 열어 주는 계기가 되었다.

또한 캐리는 소년 시절부터 고집이 세기로 이름나 있었는데, 이 고집은 그의 생애를 가늠하는 것이기도 했다. 운동을 즐기고 활동적인 그의 성격은, 자기보다 빨리 뛰는 주자들을 앞지르기까지 끈질기게 경기를 벌일 정도로 고집스럽고 억척스러웠다. 한번은, 동네 아이들이 꼭대기까지 오를 수 없다고 생각하는 나무를 올라가려고 시도하다가 떨어져 치료를 받았다. 그런데 그가 없어져서 그의 어머니가 근심되어 찾아보던 중, 그가 아픈 몸으로 다시 그 나무에 올라가고 있었으며 끝까지 시도해서 성공하고야 말았다.

16세가 되었을 때 캐리는 이웃 마을의 구둣방에 견습공으로 들어갔으며 그 일로 그는 12년 이상이나 생계를 꾸려 나갔다. 그리고 구둣방 주인의 책 가운데 헬라어가 있었는데 그 책을 빌려다가 공부했다. 그는 이미 라틴어를 배웠는데 헬라어를 또 배워 성경을 더 깊이 연구할 수 있었고 더 가까이 갈 수 있는 기초를 쌓았다. 그는 일하면서 항상 책을 펴 놓고 있었고 그때 이미 몇 가지의 외국어를 공부했는데 성경과 세계 지리, 세계의 종교 및 다방면의 자연 과학 등에 대해 세심히 익혀 나갔다. 공부한다고 구두 짓는 일에 게을리 한 것은 아니었으며, 구두도 잘 지었으므로 그가 지은 훌륭한 구두를 여러 켤레 진열장에 진열하기도 했다.

신앙생활

견습공으로 지낼 때 국교 반대자인 존 와르(John Warr)를 알게 되었으며, 그와의 신앙 교제에서 뜨거운 성령 체험을 했다. 그러나 처음에는 교파에 가입하지 않았고 존 라일랜드와 앤드류 풀러 같은 침례교인들과의 즐거운 교제가 촉진제가 되어, 마침내 침례교에 들어갔다. 1783년 캐리는 존 라일랜드에게 침례를 받았으며, 그 후 그의 목회적 은사가 인정되어 몰튼(Moulton)에 있는 교회 목사로 초빙 받아 그곳에서 얼마간 목회자 수업을 쌓았다. 그리고 그 후 라일랜드, 클리프(Cliff), 풀러 목사에게 목사가 되기 위한 안수를 받고, 2년 뒤에 레스터에 있는 하비레인침례교회 목사로 초빙되었다.

그는 이곳에서 오래 봉직하다가 인도 선교사로 떠났다. 캐리의 목사직은 그의 신분만 바꾸어 놓았을 뿐 생계를 위해서는 여전히 구두를 지었다. 1781년에 캐리는 평범하고 마음씨 좋은 도로시 플래킷(Dorothy Plackett)과 결혼하여 여러 자녀를 두었다. 그는 자신의 노력으로 라틴어, 헬라어, 히브리어, 이태리어, 독일어, 프랑스어를 배웠으며, 그 후 20여 외국어를 더 배웠다. 또한 지리를 가르치기 위한 자료를 준비하다가 선교의 역할을 깨닫게 되었다.

선교의 동기

캐리는 자기가 세운 사립학교에서 지리를 가르치기 위해 공부하며 자료를 수집하던 중, 그들의 나라들에 흥미를 느껴 가서 전해야겠다는 생각을 했다. 이 신념이 강해지자 곧 실천에 옮겼다. 그리고 또 다른 동기는 존 웨슬리의 복음주의 운동의 영향을 받은 것이었다.

또한 선원으로 일하는 숙부가 어린 캐리에게 먼 나라의 진기한 이야기를 들려 주었다. 그러자 캐리에게 여행에 대한 동경과 다른 세계에 대한 민감한 관심이 시작되었다. 캐리는 메이휴 사람들과 존 엘리엇, 데이비드 브레이너드 같은, 미국 대륙에서 인디언 선교에 일생을 바친 사람들의 일기를 탐독하였고, 「제임스 쿡 선장의 항해기」(*The Voyages of Captain James Cook*)를 읽은 후 선교에 대한 자각이 일기 시작했다.

이러한 여러 가지 복합된 동기 속에 선교의 열정이 싹트기 시작했고, 1792년에는 선교에 대한 짤막한 논문을 썼다. 그리고 그 해 5월에 노샘프턴에서 열린 노샘프턴 침례교대회(Northampton Baptists Convention)에서 세계 선교의 비전을 외치는 강연을 했다. 이때 그는 "하나님이 큰일을 하실 것을 기대하라! 그리고 하나님을 위해서 큰일을 할 것을 계획하라"고 외쳤다. 이때 발표했던 그의 논문은 87페이지 분량인데, 책으로 출판되어 나왔다. 그 책의 제목은 「이교도들을 개종시키기 위한 수단을 강구해야 할 기독교인의 의무에 대한 연구」(*An Enquiry into the Obligations of Christians to use Means for the Conversion of the Heathens*)였다. 그 책은 교파를 초월한 복음 전도의 책이며, 위대한 세계 선교의 새로운 창을 열어 놓은 책이 되었다. 노샘프턴의 침례교 목회자들은 이 집회에서 캐리의 설교에 큰 감명을 받고 1792년 말에 침례교선교회(Baptist Missionary Society)를 조직하였으니, 드디어 캐리의 끈질긴 노력이 실현되었다.

인도로 선교 파송지 결정

처음 인도에서의 몇 해 동안 캐리는 극심한 가난에 쪼들리게 되었다. 육체적 질병과 한 아이의 죽음은 캐리에게 혹독한 고뇌와 실망을 가져다 주었다. 캐리같이 강인하고 튼튼한 성(城)이 아니었으면 무너지고 말았을 것이다. 캐리는 자신의 선교지 결정을 놓고 기도하면서, 처음에는 타히티(Tahiti)로 가려 했으나 의사 존 토머스(John Thomas)의 권유로 인도로 갔다.

그러나 존 토머스의 물질 낭비 습관 때문에, 1년 동안 사용해야 할 선교비를 불과 수주일 만에 다 써 버렸다. 그리고 인도로 들어가기 전부터 캐리는 아내 도로시의 반대로 인해 무척 괴로워했다. 그녀를 설득하다 못한 캐리는, 처음에는 장남 펠릭스(Felix)만 데리고 인도로 가서 2-3년 있다 돌아오기로 결심했다.

1793년 3월 캐리와 토머스는 드디어 선교회의 파송을 받았다. 파송 예배를 드린 후 한 달이 지나서 캐리는 펠릭스를 데리고, 토머스는 아내와 딸들을 데리고 템스 강에서 인도로 가는 배에 올랐다. 그러나 토머스가 돈 관리를 잘 못해서 재정 상태가 갑자기 악화되었고, 여행 허가증을 얻는 데도 실패했기 때문에 이때 떠나지는 못했다.

하지만 한편으로는 "하나님을 사랑하는 자 곧 그 뜻대로 부르심을 입은 자들에게는 모든 것이 합력하여 선을 이루느니라"(롬 8:28)는 말씀이 현실로 나타났다. 인도 선교사로 가자는 캐리의 요구에 그렇게도 반대하던 아내가, 그녀의 여동생이 같이 간다면 가겠다고 승락했던 것이다. 마침내 아내 도로시의 동생 키티(Kitty)와 함께 1793년 6월 13일에 항해를 시작해서, 1793년 9월 7일에 캘커타(Calcutta) 항에 도착했다.

이때 인도의 선교 형편은 1705년부터 개신교 선교사가 들어오기 시작했으나 효과는 아주 미미했을 뿐이었다. 그때 인도 사회에는 카스트라는 신분 제도가 있었다. 상류층인 브라만 계급으로부터 하류층의 천민들까지 신분이 철저하게 나뉘어져 있었다. 다른 선교사들은 이 계급을 인정하면서 선교에 이용하려 했으나, 캐리는 이를 완전히 거부했다. 그는 그리스도 안에서는 모두 하나라면서 인위적인 사회 계급을 인정하지 않았다. 캐리가 인도에 상륙한 1793년에는 수백만 인도인들이 가난과 무지와 종교 분쟁에 휩쓸린 형편이었으며, 여러 부족들과 언어, 종족적인 인연으로 얽히어진 혼합체였다.

인도인의 주 종교는 힌두교였다. 기독교에서 볼 때 힌두교의 비극적인 사실은, 소위 성스러운 강이라고 하는 갠지스 강에 유아를 희생 제물로 던지는 것과, 죽은 남편과 함께 살아 있는 과부를 불태우는 관습이었다. 캐리는 40년간의 끈질긴 노력으로 이런 관습들을 폐지시키는 데 공헌했다.

의사 토머스의 실수로 인해 경제적으로 매우 고생한 캐리는, 캘커타 북부로부터 300km 이상 떨어진 무드나바티(Mudnabatty)까지 가서, 인디고 물감 공장의 관리인으로 일자리를 얻게 되었다. 정직하고 성실한 캐리의 필사적인 노력이 공장 주인에게 인정받아, 캐리는 동인도 회사의 추방 명령은 면하게 되었다. 영국에서 구두 짓는 일을 했던 캐리는 인도에서 인디고를 심는 일을 함에 있어서 부끄러워하지 않았다. 그리고 포트 윌리엄대학에서 동양어를 가르치던 그의 임무가 주위 사람들을 그리스도께로 이끄는 것임을 잊지 않았다.

그는 이때 벵골어를 배웠으며 벵골어로 신약을 번역했다. 그는 언어에 천재적인 소질이 있어서 인도에 머무는 기간이 길수록 여러 가지 방언들로 설교할 수 있게 되었다. 그러나 개종자를 그때까지 한 사람도 못 얻었으며, 처음 17개월 동안 선교회로부터 아무런 연락도 받지 못했다. 그러자 천성이 유쾌한 캐리마저도 실망의 그늘 속에서 혹독한 고난을 겪어야만 했지만, 가능한 한 빨리 선교 사업을 확장해야겠다고 결심하고, 벵골어 신약의 출판 준비를 하였다. 그러나 그 책을 출판하기 전에 그 비용으로 먼저 인쇄기를 사서 다른 것을 인쇄하는 모험을 시작했는데, 이 인쇄 사업이 오히려 그의 중요한 선교 방법의 하나가 되었다.

캐리는 확장되어 가는 선교 사업에 더욱 많은 선교사를 필요로 하였으며, 특히 선교사들의 부인들의 열정과 적극적인 인내를 다음과 같이 역설했다. "선교사의 부인들에게도 남편이 가진 선교 사업에 대한 열의가 절대적으로 필요합니다. 그러나 기도하옵기는 모든 선교사들의 부인들이 판에 박힌 그런 사람들이 아니기를 빕니다."

1799년 선교부서는 시련의 해였다. 수년간에 걸친 흉작과 홍수로 인디고 농장은 문을 닫게 되었고, 모든 고용인들은 떠나고 캐리만 남게 되었다. 이때 4쌍의 부부가 캐리를 돕기 위해 남았다. 윌리엄 워드(William Ward), 조슈아 마슈먼(Joshua Marshman), 윌리엄 그란트(William Grant), 데이비드 브룬스던 (David Brunsdon)과 그들의 가족이었다. 그렇지만 이들은 무드나바티에 있는 캐리와 함께 있지 못하고, 캘커타에서 20km여 북쪽에 위치한 세람포르(Serampore)에 있었다. 그래서 캐리는 덴마크 정부의 지지를 받은 그들이 있는 곳에서 영구적인 선교의 본거지를 삼기 위해 세람포르로 옮겨야겠다고 생각했다. 그리고 보다 자유롭게 인쇄소를 운영하고 더 많은 사람을 접촉하며 전략적 중심지를 갖기 위해 세람포르로 옮겨야겠다고 판단하여, 1800년 1월 10일 그곳에 상륙했다.

세람포르 삼총사와 그들의 선교 전략

워드는 인쇄술의 천재였다. 그는 인도의 여러 언어와 방언들로 성경과 전도지 및 소책자들을 인쇄하기 위한 문자판을 고안해 냈다. 또한 그는 성격이 온유하고 사교적이어서 항상 선교부 내에서 화평을 도모하는 사람이었다. 그리고 그들의 조직 가운데서 목사로 선출되었으며, 공장 건물과 글자 주물 공장의 일까지 감독했다.

죠슈아 마슈먼은 좀 신경질적이며 사람을 이간시키는 사람이었으나, 뛰어난 어학자이며 번역가로서 캐리 버금가는 사람이었다. 그가 없었다면 캐리는 모든 번역 사업을 결코 완성할 수 없었을 것이다. 캐리는 1800년에 이르기까지 벵골어 및 산스크리트어와 그 외의 여러 언어들을 통달했으며, 인도에서 태어난 사람들보다 인도 언어를 더 잘 알게 되었다.

워드의 부인도 남편 못지않은 능력자였다. 그녀는 선교사의 자녀들과 인도인들의 자녀들을 가르치는 교사로서 큰 공헌을 했다. 이 세 사람은 팀 선교 사상 뛰어난 세람포르의 삼총사였다. 그러나 1823년에 워드가 갑자기 죽어서 1834년까지 마슈먼은 캐리와만 일했으며, 이들 세 사람 중 가장 오래 산 사람은 1837년에 죽은 마슈먼이었다.

이 선교사들은 공동생활을 하였다. 즉 식사도 함께 하고 도서관도 함께 갔다. 수입은 수당 외에는 모두 공동 자금에 넣어 사용했다. 이런 밀접한 관계에서 오는 불만이 있을 때는 매주 토요일 오후에 모여 대화로 해소하며 친분을 유지했다. 캐리는 자기의 신념대로 선교사도 다른 직업을 가지고 생계를 유지하기를 바랐고 선교 기관으로부터 독립하는 것이 바람직하다고 생각했다. 그러나 선교사가 선교 사업을 할 수 있도록 최소한의 선교비는 선교 기관에서 마련해 주어야 한다고 믿었다. 그러나 캐리는 '값싼 선교'(chief mission)의 개념은 배격했다. 그는 선교 사업을 다섯 갈래로 추진해 나갔다.

첫째, 모든 수단을 강구하여 복음을 널리 전했다. 그는 갠지스 강을 거슬러 오리사(Orissa)에까지 갔으며, 버마(현재 미얀마)까지 복음 전파의 손을 뻗쳤다. 그의 맏아들 펠릭스 캐리는 그곳에 전도처를 개설했다.

둘째, 인도인들의 다양한 언어와 방언으로 성경을 번역, 출판하여 배포했다. 1804년 이후 캐리의 선교 사업은 주로 번역 일에만 집중되어 다른 위대한 업적이 가려지기도 했다. 그러나 그는 30년 동안에 6개의 성경전서 번역을 완성시켰고, 이외에

23개 방언의 신약전서가 추가되었다. 그리고 캐리에 의해 여러 가지 언어로 번역된 쪽성경이 있다. 마슈먼의 인쇄소에서 44개 언어로 된 성경과 쪽성경이 번역되었다. 이것은 선교 역사상 오순절 이래 최대의 업적이라고 할 수 있다.

셋째, 될 수 있는 대로 속히 교회를 세웠다.

넷째, 인도의 정신과 문화를 깊이 연구하는 것을 강조했다.

다섯째, 인도의 종교 이해를 필요로 하여 인도의 종교 서적을 독파하고 이들을 영어로 번역, 출판해 냈다. 이 일로 영국 본부로부터 빈축을 샀으나 캐리는 굽히지 않고 소신껏 추진해 나갔다.

1819년에 세람포르대학이 그에 의해 창립되었다. 캐리는 1801년 캘커타에 세워진 포트윌리엄대학(Fort William College)에 동양 언어 교수로 임명되었다. 이 교수직을 캐리는 자신의 성장에 적극 이용하였고, 재정적으로 매우 어려움에 처해 있던 선교부에는 큰 도움을 가져왔다. 교수 봉급은 매우 높은 편이었으며, 교수로 들어오는 자기 수입의 10%만 가정을 돌보는 데 쓰고 나머지 90%는 선교부에 썼다. 교수직이 가져온 다른 결과는 선교부가 정부의 보호를 크게 받게 되었다는 점이다.

그러나 동인도 회사 관리들이 캐리의 선교 사업에 누적된 적개심을 보이다가 1805년부터는 세람포르에 혹독한 시련을 가져왔다. 더 이상의 공개적인 전도나 성경 배포 및 전도처 개설을 할 수 없다는 포고였다. 그리고 인쇄 기계는 세람포르에서 캘커타로 옮겨 영국 관리의 감독하에 사용하라는 명령도 보내왔다. 그 후 영국이 세람포르를 단기간 점령하였으나 민중들의 다수 의견이 선교사들의 편으로 기울어지자, 1813년에는 동인도 회사 헌장을 개정하였고 캐리와 그의 선교부는 위기를 면했다.

캐리는 원예가로서도 이름을 떨쳤는데, 인도와 같이 식량난에 허덕이는 나라는 수확이 많은 곡식들로 품종을 개량해야 한다고 생각했다. 그래서 그는 인도 내에 이 문제를 다루는 학술연구소를 세웠으며, 학교 기구의 발전에도 관심을 가졌다. 1807년에 아내 도로시가 죽자, 다음 해 샬럿 류모어(Charlotte Rhumohr)와 재혼했는데, 그녀 역시 독학으로 여러 개의 어학을 익힌 캐리의 둘도 없는 배필이었다. 그러나 그녀도 캐리와 함께 오래 살지 못하고 일찍 죽었다. 그녀가 죽은 2년 후 과부인 그레이스 휴즈(Grace Hughes)와 결혼했는데 그녀는 캐리보다 오래 살았다.

인도에서 지내는 동안 캐리는 한번도 안식년이나 휴가를 가져본 적이 없었다. 그는 "나는 영국을 떠나 인도와 결혼하였다"고 말했다. 1834년 6월 9일 그는 세상을 떠났다. 캐리 자신의 요청에 의한 묘비 내용은 다음과 같다.

    윌리엄 캐리
    1761년 8월 17일에 나서
    1834년 6월 9일에 죽다
    천하고 불쌍하며 무력한 벌레는
    당신의 친절하신 팔에 안겨 여기 누웠습니다.

윌리엄 캐리의 선교 평가

윌리엄 캐리는 누구보다도 가장 독창적이고 활동적이며 실제적인 선교사 중 한 사람이었으며, 그의 공적은 상상을 불허하는 것들이다. 그의 통찰력은 그의 세대가 놀라워하리만치 넓고 먼 선견이었다. 그는 현대 개신교 선교의 시조라 불리는 것이 타당하리라. 아니라면 분명히 현대 선교의 아버지라고 할 수 있다.

그러나 보다 중요한 것은, 사람이 하나님을 위해 위대한 일을 시도하기만 하면, 하나님이 이루시는 진정 위대한 일을 기대할 수 있다는 것이다. 그는 하나님이 그 일을 이루시기 위해 친히 우리에게 영감의 진리를 가르치시고 본을 보여 주신다는 것을 증명해 보인 선교사이다.

가장 위대한 선교 논문

조지 스미스(George Smith)는 그가 1885년에 쓴 책에서 윌리엄 캐리의 「이교도들의 개종을 위한 제수단 사용에 있어서 기독교인의 의무 연구」를 가리켜서, "지금까지 영어로 쓰인 최초이자 가장 위대한 선교 논문"이라고 평했고 "그 간결성과 설득력에 있어서 이 논문을 능가하는 논문이 없다"고 했다.

이 논문과 그 후 40여 년에 걸친 선교 사례 연구에서, 그는 주로 선교단 구조의 타당성과 필요성을 그리스도인에게 강조함으로써, 기독 교회의 전망과 확장에 커다란 혁명을 가져왔다. 이 혁명에 의해 위대한 세기(the Great Century)는 서서히 태동하고 있었다.

정규 교육은 거의 받지 못했지만 특별한 인내심과 신념을 가지고 캐리는 복음 전도, 언어학, 자연 과학, 교육의 실천과 진보를 위해 노력했다. 하지만 영국으로부터의 외면과 비난, 재정적 궁핍, 자연재해, 가족의 비협조와 같은 어려움을 겪어야 했다.[1] 그러나 오늘날 선교역사학자들은, 그의 연구 논문의 발행일을 개신교 선교의 근대적 기원이 시작되는 날짜로 정하고, 캐리를 '현대 개신교 선교의 아버지'라고 부른다. 어니스트 페인 박사는 "오늘날 캐리의 연구 논문을 읽는 사람은 그 논문의 과장 없는 사실과 그 사상의 현대성에 무엇보다도 충격을 받는다"고 했다.[2]

이 연구 논문의 4분의 1 이상은 세계 여러 나라의 인구, 영토, 그 나라를 대표하는 종교를 상술하는 데 할애되었다. 각 장들은 명확히 구분되었으며 요점은 번호가 매겨져 있다. 그 내용은 마치 영국 정부 발행 관보(Blue Book)나 주교단 위원회 보고서처럼 간결하고 논리적이며 정확하다. 여기에는 웅변이나 감정이 배제되어 있고, 성경 구절을 끌어다가 증명하려고 하는 억지 조합이 없으며, 신학적 논쟁도 없다. 다만 조심스런 사실 기록만 있다. 이 논문은 제목만 보아도 작가의 성격을 잘 알 수 있을 것이다.

---

1) 캐리는 1805년에 또 다른 논문 "세람포르 선교 형제단의 선교 활동 대원리에 관한 합의문"(The Form of Argument Respecting the Great Principles Upon Which the Brethren of the Mission at Serampore Think It Their Duty to Act in the Work of Instructing, the Heathen, 1805)을 썼다(최정만, 「현대 선교 신학 개론」, 1991:45).
2) Ernest Payne, "He who reads the Enquiry today if struck first of all, by its sober matter-of-factness and its modernity."

다음은 캐리의 원작 87페이지짜리 논문(Inquiry)으로부터 몇 단락을 발췌하여 재구성한 내용이다.

캐리의 논문 발췌 요약

하나님이 우리에게 주님의 뜻이 하늘에서 이루어짐같이 이 땅에서도 하나님의 나라가 임하게 되기를 기도하라고 요구하신 것처럼, 우리는 말로써 그것이 이루어지도록 기도할 뿐 아니라, 주의 이름을 널리 알리는 모든 합법적인 방법도 사용해야 한다. 그리고 주님의 뜻이 이 땅에서 이루어지기 위해서 이 세상의 종교적 상황에 대해 알아야 할 필요성이 있다.

우리에게는, 구주 예수 그리스도의 복음뿐 아니라, 인간성의 감정에 의해서도 성실한 활동을 하고 싶어 하는 마음이 있다. 이것은 우리가 하나님의 은총의 대상이며, 보편적 자비와 진정한 인간애의 정신이 하나님의 인격 속에 두드러지게 나타나 있다는 강한 증거 중 하나이다.

아담의 타락으로 인간의 자손들이 원죄를 물려받게 되었고 그 후로 원죄의 나쁜 영향이 만연하게 되었다. 죄악은 시대 상황에 따라 모습을 바꾸어 수많은 형태로 증가되었고, 인간은 계속해서 신의 뜻과 예정을 거역하였다. 대홍수에 대한 기억이 사람들의 대대손손에게 전해졌는데, 그것은 인간이 창조주의 뜻을 거역하는 것을 계속해서 막아왔다고 생각한다. 그러나 인간들은 너무나 눈이 멀어 이미 아브라함 시대에 사악함이 인간이 사는 곳마다 만연하였고, 하나님의 크신 사랑에 대한 죄악이 비록 온 세상에 가득 차지는 않았지만 매우 컸다. 이후로 우상 숭배가 더욱 만연하였는데, 그에 대한 하나님의 노여움의 상징으로 일곱 민족이 제물로 바쳐질 때까지 계속되었다. 그러나 악의 증가는 멈추지 않았고, 이스라엘 민족은 이스라엘의 하나님을 믿지 않는 다른 민족과 종종 한 패가 되었다.

그러나 하나님은 사탄의 모든 권위를 결국 물리치시고 모든 죄악을 없애버릴 것이며, 인간에게 유익한 하나님의 왕국을 세우셔서 사탄이 자기 영역을 확대했듯이 하나님의 왕국을 널리 펼치시겠다고 계속해서 계시하셨다.

이러한 목적을 위해 그리스도께서 이 땅에 오셔서 돌아가셨고, 하나님이 모든 것을 심판하실 것이다. 그가 생명을 버리시고 부활하신 다음 모든 생명에게 기쁜 소식을 알리고, 길 잃은 세상 사람들이 가능한 모든 방법으로 하나님을 찾도록 제자들을 세상에 보내셨다. 제자들은 신성한 의무에 따라 세상으로 나아가, 문명인과 미개인 모두를 유일한 구원의 길인 그리스도의 십자가 앞에 무릎 꿇게 하고 하나님께 인도하는 데 힘썼다.

사도 시대에 이렇게 복음을 전파하는 많은 노력이 있었기 때문에, 비록 수많은 사람들이 하나님을 믿지 않고 어둠 속에서 헤매고 있었음에도 불구하고, 복음 전파는 커다란 성공을 거두었다. 현대에도 물론 복음 전파의 노력이 계속되고는 있지만, 사도들이 하나님을 진실하게 믿고 복음 전파라는 동일한 목적을 가졌을 때 기울였던 노력보다는 상대적으로 약하다. 어떤 이들은 복음 전파를 대단치 않게 여기고, 어떤 이들은 외국의 상황에 무지하며, 또 어떤 이들은 동포의 영혼보다 자신들의 물질적 부를 더욱 사랑한다.

그러나 이러한 복음 전파의 목적이 더욱 중요시 될 수 있도록 나는 연구를 계속할 것이다. 이 연구는, 우리 주 예수 그리스도가 사도들에게 부여한 의무가 우리와 잘 결속되어 있는지에 대한 것으로, 즉 우리가 이전에 수행했던 일을 잘 알고 있는지, 현재 세계의 상황을 설명할 수 있는지, 이전에 이룬 것보다 앞으로 할 일을 더욱 고려하는지, 이 문제에 대한 일반적인 기독교인의 의무가 무엇인지를 알아볼 것이다.

우리 주님이 제자들에게 주신 명령은 지금까지 우리에게도 여전히 구속력이 있는가?

우리 주 예수 그리스도가 세상을 떠나시기 직전 사도들에게 "세상에 나아가 모든 민족을 가르쳐 지키게 하라. 그렇지 않으면 다른 전도자들이 복음을 전파하듯이 온 세상에 나아가 모든 생명들에게 복음을 전파하라"고 사명을 부여하셨다. 이러한 사명은 널리 퍼졌고, 사도들은 이러한 사명감으로 사람이 살 수 있는 모든 곳으로 퍼져 나가 공평하게 복음을 전파했다.

그때 사도들은 주의 뜻을 따라 세상에 나아갔으며 하나님의 권능이 그들과 함께했다. 그 후에도 많은 사람들이 사도 시대 이래 계속 복음을 전했으며, 이러한 연속적인 복음 전파는 성공을 거두었으나, 최근에는 초기 기독교인들이 가졌던 열정과 인내가 (소수를 제외하고는) 보이지 않는다. 많은 사람들은 선교의 사명이 사도들과 동시대의 다른 이들에 의해 효율적으로 이미 수행되었다고 생각하는 것 같다. 그들은 또 '우리는 동포들을 구원하기 위해 할 일이 많다. 그리고 하나님이 이교도들을 구원하기로 하신다면, 친히 그 이교도들을 복음의 길로 이끄시고 복음에 접하게 하실 것'이라고 믿는 것 같다. 이렇게 하여 많은 사람들이 복음에 평안히 거하고 있으나, 오늘날까지 하나님을 모르고 우상 숭배 속에서 헤매는 동포들이나 주위의 많은 죄인들에게는 관심이 없는 것이다. 또한 몇몇 사람들은 마음속에 '사도들은 특별한 인간들이었고, 그 후에는 그들의 뒤를 이을 적당한 후계자가 없어서 그들이 행한 많은 일들이 우리에게 믿음을 주지 못했다. 따라서 선교적 사명은 그들에게만 의존했고, 우리는 그 사명을 수행하는 데 직접 결속되지 않는다'라고 생각한다.

그러나 그러한 사람들을 생각하면서 나는 다음과 같은 의견을 제시하겠다. 첫째, 만약 모든 민족들을 가르쳐 깨우치라는 그리스도의 명령이 사도들과 혹은 성령의 영감을 받은 소수의 사람들에게만 한정된다면, 세례를 주는 일은 당연한 것임에도 불구하고 퀘이커교도를 제외하고는, 기독교의 모든 종파들이 물로 세례를 주는 것은 잘못된 것이다.

둘째, 만약 모든 민족들을 가르쳐 깨우치라는 그리스도의 명령을 사도들에게만 제한한다면, 이방인들에게 복음을 전파하고자 노력해 온 평범한 모든 사역자들은 주의 보증 없이 행동한 것이고, 주님이 그들을 보내시기 전에 제멋대로 이방인들에게 달려간 것이 된다. 게다가 비록 하나님이 이방인들의 세계에 복음을 전하시는 가장 영광스런 약속을 하셨다 하더라도, 주님의 명령 없이 이방인들에게 간 사역자들이 하늘로부터 새롭고 특별한 사명을 받지 못했다면, 복음을 전파하기 위한 어떠한 권위도 없이 이방인에게 갔던 것이 된다.

셋째, 만약 모든 민족을 가르쳐 깨우치고 복음을 널리 전하라는 그리스도의 뜻이 사도들에게만 제한된다면, 그것은 의심할

바 없이 이 일을 하는 데 성령의 약속이 한계가 있음이 틀림없다. 즉 이것은 "나는 항상 세상 끝까지 너희와 함께할 것이다!"라는 그리스도의 뜻을 불가능하다고 말하는 것이나 다름없다.

우리나라와 우리가 접하는 활동 영역 안에는 남태평양의 야만인만큼 무지한 군중이 있고, 따라서 해외에 나가지 않더라도 국내에서도 할 일이 많다는 사실이 무시되어 온 것이 사실이다. 물론 우리나라에도 하나님으로부터 멀리 떨어져 있는 사람들이 많이 있다는 사실을 나는 인정한다. 이러한 사실이 우리를 이간해서 우리가 멀리 이방인들에게 복음 전하는 일을 하는 데 천배의 노력을 하게 한다. 또한 그들에게 하나님을 널리 알리는 시도는 정당한 일이다.

그리고 그것으로 인해 하나님의 증거를 원하는 외국에 복음을 전파하는 모든 시도들이 포기되기도 한다. 우리 동포들은 은총으로 인해 세상에 복음을 전파하는 일에도 참여할 수 있다. 또한 진리를 알 수 있는 많은 통로가 있고 거의 모든 곳에 충실한 사역자들이 있다. 그러므로 만약 그들의 교회가 대의 속에서 좀더 진심으로 일한다면, 사역자들의 활동 영역은 훨씬 넓어질 것이다.

그러나 성경이 없고, 쓸 수 있는 언어가 없으며, 훌륭한 사역자와 시민 정부, 그리고 우리가 가진 다른 많은 이점들이 없다면, 그 경우에는 전혀 다르다. 그러므로 그들(이방인들)에게 복음을 전파하기 위해서는 동정과 인간애, 더 많은 기독교 신앙 등 가능한 한 모든 노력들이 요청된다.

(1) 사도들의 이교도 개종 행적 회고

사도들의 활동 역사는 초기 기독교 시대 말씀의 성공을 알려주고, 그 역사가 이 시대의 여러 곳에서 전파되었음을 알 수 있다. 이를테면 베드로는 바빌론에서 어떤 교회에 대해 이야기한다. 또 바울은 스페인 여행을 신청했고, 사람들은 그가 스페인, 더 나아가 프랑스와 영국까지 갔다고 믿고 있다.

사도 중 안드레는 흑해 북쪽에 있는 시티안스(Sythians)에서 복음을 전파했고, 사도 요한은 인도에서 전파했다고 말을 하기도 하지만, 우리는 그가 밧모 섬에 있었다고 알고 있다. 바돌로매는 인도의 갠지스 지방, 프리지아, 아르메니아에서 복음을 전했고, 마태는 아라비아와 아시아의 에티오피아와 파르티아에서, 도마는 코로만델(Coromandel) 해안에서 약간 떨어진 인도에서 전파했고, 어떤 이들은 마태가 실론 섬에 있었다고도 한다. 시몬은 이집트와 가나안, 구레네, 모리타니아, 리비아, 아프리카의 여러 지역들, 그리고 그곳에서 영국으로 갔다고 보고되었다. 그리고 유다는 아시아와 그리스에서 복음 전파에 종사했다고 말한다. 사도들의 노력에 의해 복음은 여러 지역으로 널리 확장되었고 큰 성공을 거두었다.

사도들의 사후에 살았던 플리니는 트라잔 황제에게 보낸 편지에서, 기독교가 도시뿐만 아니라 전 농촌에도 확산되고 있다고 보고하고 있다. 바로 이전 시대인 네로 시대에는 기독교 정신이 널리 퍼지자 황제가 칙령으로, 그리고 기독교를 파괴하라는 명령을 받은 지방 총독과 통치자들을 동원함으로, 기독교를 말살하려고 생각했다.

(2) 현재 세계 여러 국가들에 대한 조사

이 조사에서 나(윌리엄 캐리)는 세계를 분할하는데, 일반적 분류 방식인 유럽, 아시아, 아프리카, 아메리카의 네 부분으로 나누어 생각할 것이다. 나는 이 조사에서 여러 나라들의 영토와 인구, 문명, 종교를 개략적으로 알게 되었다. 다음 표를 보면 내가 이 주제에 대해 제안했던 것 이상으로 더 잘 이해할 수 있을 것이다.

EUROPE

Countries	EXTEXT		Number of Inhabitants	Religion
	Length Miles	Breadth Miles		
Great-Britain	680	300	12,000,000	Protestants of many denominations
Ireland	285	160	2,000,000	Protestant and Papists
France	600	500	24,000,000	Catholics, Deists and Protestants
Spain	700	500	9,500,000	Papists
Portugal	300	100	2,000,000	Papists
Sweden including Gothland, Lapland, Bothnia, and Finland	800	500	3,500,000	The Swedes are serious Lutherans but most of the Laplanders are Pagans and very superstitious
Isle of Gothland	80	23	5,000	The Swedes are serious Lutherans, but most of the Laplanders are Pagans, and very superstitious
Oefel	45	24	2,500	
Oeland	84	9	1,000	
Dago	26	23	1,000	

AMERICA

Countries	EXTEXT		Number of Inhabitants	Religion
	Length Miles	Breadth Miles		
Peru	1,800	600	10,000,000	Pagans and Papists
Country of the Amazons	1,200	900	8,000,000	Pagans
Terra Finma	1,400	700	10,000,000	Pagans and Papists
Guiana	780	480	2,000,000	Ditto
Terra Magellanica	1,400	460	9,000,000	Pagans
Old Mexico	2,220	600	13,500,000	Ditto, and Papists
New Mexico	2,000	1,000	14,000,000	Ditto
The States of America	1,000	600	3,700,000	Christians, of various denominations
Terra de Labrador, Nova Scotia, Louisiana, Canada, and all the country inland from Mexico to Hudson's Bay	1,580	600	8,000,000	Christians of various denominations but most of the North-American Indians are Pagans

AFRICA

Countries	EXTEXT		Number of Inhabitants	Religion
	Length Miles	Breadth Miles		
Biledulgerid	2,500	350	3,500,000	Mahometans, Christians and Jews
Zaara, or the Drfart	3,400	600	800,000	Ditto
Abyssinia	900	800	5,800,000	Armenian Christians
Abex	540	130	1,600,000	Christians

				and Pagans
Negroland	2,200	840	18,000,000	Pagans
Loango	410	300	1,500,000	Ditto
Congo	540	220	2,000,000	Ditto
Angola	360	250	1,400,000	Ditto
Benguela	430	80	1,600,000	Ditto
Mataman	450	240	1,500,000	Ditto
Ajan	900	300	2,500,000	Ditto
Zanguebar	1,400	350	3,000,000	Ditto
Monoemugi	900	660	2,000,000	Ditto

위 표는 '윌리엄 캐리 당시' 세계의 여러 국가들에 대해 얻을 수 있는 최선의 정보인 셈이다.

그러나 비록 터키, 아라비아, 아프리카, 미국을 제외한 아메리카, 그리고 아시아의 도서 국가들과 같은 많은 나라들에 내해 조사했지만, 믿을 만한 거주민의 정확한 숫자는 설명할 수가 없다. 그러므로 나(윌리엄 캐리)는 단지 대강의 수치를 계산했을 뿐이다. 그리고 처해진 조건에 따라 어떤 나라에서는 좀더 많이, 어떤 나라에서는 좀더 적게 1제곱미터당 평균에 해당하는 숫자를 세었다. 이 모든 것들은 기독교인, 특히 목사들에게 그들의 활동 영역 속에서 전력을 다할 것을 요구하고, 가능한 한 널리 그들의 영역을 확장시킬 것을 요구한다.

(3) 이교도의 개종

이교도들 사이에서 복음을 전파하는 가운데 점점 더 어려움이 증가하고 있다고 나는 생각한다. 다음은 그러한 어려움들이다. 즉 그들이 우리로부터 멀리 떨어져 있다는 것, 생활 방식의 야만성, 그들로부터 살해당할 위험성, 생필품 취득에 대한 곤란함, 언어 장애 등의 어려움이다.

첫째, 거리 문제가 더 이상 장애가 될 수 없다. 나침반의 발명 이전에는 설명될 수 있었던, 그리고 현시대에 있어서도 그럴 듯하게 보이는 모든 장애들은, 이제 변명의 여지가 없다. 그 당시 사람들이 지중해 혹은 덜 알려진 바다를 항해했듯이, 이제는 대서양을 건너서 먼 곳까지도 확신을 가지고 항해할 수 있다. 그리고 지금은 미개인들이 살고 있는 많은 지역과 상업적 관계를 맺고 있는 무역 회사들이 제공하는 지식이, 우리가 먼 거리를 극복할 수 있는 방법을 제시하고 있다.

둘째, 그들의 비문명화된 미개한 생활 방식도 더 이상 장애가 될 수 없다. 이것은 자신만의 안락함을 추구하는 사람들이 다른 사람들의 이익을 위해 자신의 불편함을 감수할 의지가 있을 때는 어떠한 장애도 있을 수 없다는 것을 의미한다. 이를테면 사도들과 그 후계자들은 거칠 것이 없어서, 야만적인 게르만 지역과 골(지금의 프랑스 일대) 지방, 더 나아가 야만 상태의 영국에까지 갔다.

사도들과 그 후계자들은, 야만인들이 기독교를 믿기 전에 그 원주민들이 문명화되는 것을 기다리지 않았다. 단지 그들은 십자가의(순교) 원리에 의해 전도의 길을 갔다. 그래서 터툴리안은 로마 군인에게 저항한 영국의 이교도 지역이 그리스도의 복음에 의해 정복되었다는 것을 자랑으로 여겼다. 그리고 이후의 엘리엇과 브레이너드에게도 물론 장애가 있었지만 그들은 앞으로 나아갔고 모든 어려움에 부딪혔다. 그러면서 그들 스스로 복음을 진심으로 받아들이지 않는다면, 소원했던 유럽인과의 친분을 결코 이룰 수 없다는 것도 깨달았다.

셋째, 그곳에 간 사람들은 야만인들에게 살해당할 위험에 스스로 목숨을 지켜야 한다. 이런 맥락에서 동포들의 타락한 상태는 우리에게 이러한 모든 모험과 노력들을 요구하고 있지 않은 가 생각해 볼 일이다. 이러한 희생 의지에 대해 우리 주 예수 그리스도의 이름으로 목숨을 위험에 내맡겼던 바울과 바나바를 생각해 볼 수 있다. 그들은 경솔하다고 비난받은 것이 아니라, 오히려 칭송받았다. 또 위험한 임무 속에 두려워했던 요한 마가는 비난의 오명을 받았다. 선원들의 후안무치한 행동이 미개인들을 공격했는지는 잘 모르지만, 그러한 공격은 미개인들의 분노를 불러일으켰다. 그러나 엘리엇이나 브레이너드, 모라비아 선교단은 거의 괴롭힘을 당하지는 않았다. 아니, 오히려 일반적으로 이방인들은 말씀을 경청하려는 의지를 보여왔다. 그리고 한편으로는 이름뿐인 기독교인의 해악 때문에 기독교 정신에 대한 미움을 표현해 왔다.

넷째, 생필품 취득의 어려움에 대한 것이다. 그러나 이 문제는 생각만큼 큰 문제는 아닐 수도 있다. 왜냐하면 우리가 유럽 음식을 구할 수 없다 하더라도, 우리가 찾아간 민족들이 먹고 사는 음식은 구할 수 있기 때문이다. 그렇다 해도 최소한 두 사람이 함께 사는 것이 필요할 것이다. 또한 그 두 사람이 기혼이면 일반적으로 최선의 상태라고 생각된다. 왜냐하면 생필품 취득에 아내와 자녀들(최소한 2명이나 그 이상)이 전적으로 종사한다면, 선교사는 거기에 시간을 들이지 않아도 되기 때문이다. 그런데 대부분의 나라에서 생필품을 구하지 못했을 경우, 생활 유지를 위해 얼마간의 땅을 경작하는 것이 필요하다. 그렇게 되면 실제로 다양한 방식들이 고려될 것이고, 또 그에 따른 어떤 일이 일단 행해지면, 현재 우리가 생각지도 못한 많은 것들이 나타나게 될 것이다.

다섯째, 그들의 언어를 배우는 일에 있어서는, 서로 다른 나라끼리의 무역에서와 같은 수단들이 동일하게 복음 선교에서도 필요하다는 것을 알게 될 것이다. 어떤 경우에는 통역을 구하여 임시로 쓸 수도 있다. 그러나 통역을 구할 수 없는 곳에서는 인내심을 갖고 그 민족들과 어울려 지내며, 선교사 자신들의 생각을 그 지역 사람들의 언어로 전할 수 있을 때까지, 열심히 그들의 언어를 배워야 한다. 널리 알려져 있듯이 1, 2년이면 특별한 재능이 없어도 우리의 감정을 상대방에게 전하고 이해시킬 수 있을 만큼 외국어를 익힐 수 있다.

(4) 기독교인 일반의 의무에 대한 연구

그리스도의 왕국과 관련된 예언들이 사실이고, 그리스도가 사도들에게 의무로 지워주신 것이 우리에게도 역시 의로운 임무라면, 이것은 모든 기독교인이 진심으로 하나님의 거룩한 계획을 하나님과 함께 수행해야 한다는 것을 의미한다. 왜냐하면 주와 연결된 존재는 성령이기 때문이다.

우리에게 부여된 의무 중 가장 중요한 것 하나는 열성적인 연합 기도이다. 나는 우리가 열고 있는 월례 기도회를 믿는다. 복음의 결과가 헛되지 않았기 때문이다. 그리스도 왕국을 위한 기독교인의 모든 집념으로 열심을 다해 복음을 널리 전파한다면, 아마도 다음과 같은 것을 볼 수 있었을 것이다. 즉 이전에 진리의 문이 이미 열려져 있었으나 아직도 사람들이 길을 잃고 헤매고 있다는 것을 말이다. 이에 대해 크신 하나님의 섭리는 우리 속에 큰 하늘의 축복과 능력이 함께하도록 기도하는 수단을 주셨다.

그래서 많은 사람들이 할 수 있는 것은 기도뿐이고, 기도는 모든 종파의 기독교인들이 진심으로 그리고 거리낌 없이 하나 될 수 있는 유일한 수단이다. 그리고 기도 속에서 우리 모두는 하나 될 것이고 아주 완전한 확신을 가지게 된다. 그러나 우리는 기도하는 것에만 만족해서는 안 된다. 즉, 한쪽으로만 치우친 활동은 좋지 않다. 이를테면 무역 회사의 경우를 예로 들 수 있다. 무역 회사가 계약을 체결할 때 보통 자산, 선박, 선원을 최대한 이용한다. 그리고 사람들도 그들의 목적에 부합되도록 선택하고 통제한다. 그러나 여기서 그치지 않는다. 성공할 수 있다는 전망에 고무되어서 남을 위한 보상을 해야 할 때는 은덕을 베풀며, 이용 가능성이 없는 사람들과는 친분도 나누지 않는다.

이처럼 신실한 기독교인들이 스스로 하나의 사회를 형성하여 계획의 규정과 관계된 많은 규칙을 만들고 전도사로 일할 사람, 비용 지불 방법 등을 정한다면 어떨까? 무역 회사가 이익을 위해 그러듯이, 복음을 전하는 것이 목적인 이 사회는 열정이 살아 있는 사람, 독실한 신앙심을 갖고 있는 사람, 인내와 용기가 있는 사람으로 이루어져야 한다. 이것은 이런 부류가 아닌 사람은 누구든 받아들이지 않겠다는 결정이어야 한다.

따라서 위원회(commitee)는 사회 구성원에 의해 임명되며, 그들의 일은 구성원에 관한 가능한 모든 정보를 알아내는 것, 헌금을 받는 것, 전도사들의 성격, 기질, 능력, 신앙관에 대한 조사, 선교사들에게 생필품을 제공해 주는 것이다.

만약 내가 동포와 기독교인 형제들에게 영향력이 있다고 기대된다면, 그것은 아마도 나와 같은 종파의 교인들에게 특히 더 클 것이다. 그에 따라서 제안한다면, 그런 사회와 위원회는 내

경우 침례교 내에서 이루어져야 할 것이다. 이것은 내가 앞의 내용을 기독교의 한 종파에 제한하려는 것은 아니다. 나는 진실하게 우리 주 예수 그리스도를 사랑하는 모든 사람이 어떻게든지 복음 전도의 효율성을 높이는 구조화된 계획에 참가하기를 진심으로 희망한다.

그러나 분열되어 있는 현재의 기독교계에서는 모두가 공동으로 착수하는 것보다는 각 종파가 개별적으로 착수하는 것이 더 나을 것 같다. 비용 충당을 위한 헌금에 대해서 돈은 분명히 필요하다. 만약 종교 집회에서 각자의 여건에 따라 매주 1페니나 그 이상의 헌금으로 시작하여 복음 전도 기금으로 모은다면 많은 돈이 적립될 것이다.

우리는 좀이나 녹이 손상시키지 못하고 도둑이 탐하지도 훔치지도 못하는 하늘에 재산을 쌓으라고 가르침을 받는다. 즉 다가오는 생의 기쁨은, 현재의 파종과 수확의 기쁨과 유사하다고 성서는 가르친다. 모든 보상은 은총임이 사실이지만 재산과 수확을 얻기 위해서는 주님의 사업에 자신의 모든 것을 바친 바울, 엘리엇, 브레이너드와 같은 사람들의 품성을 준비해야 한다고 성경은 권고하고 있다. 분명히 이와 같은 영광은 기쁨을 가지고 갈망할 가치가 있다. 즉 그리스도의 왕국과 대의를 위해 우리의 모든 노력을 펼치는 것은 가치 있는 것이다.

제9장 미국 해외 선교 운동의 시작

해외 선교의 각성

미국이 해외 선교를 위해서 각성하기 시작한 것은 19세기에 들어와서부터이다. 그리고 이러한 각성이 대학교 캠퍼스에서 기도하던 대학생들의 소그룹 모임에서 발단되었다는 것은 주목할 만한 일이다.

미국 매사추세츠 주 후세익 강변 어느 농장에서 일하고 있던 가난한 회중 교회의 목사 아들인 새뮤얼 밀스(Samuel Mills, Jr., 1783-1818)에게 복음 전도에 대한 소명을 알리는 비전이 보였다. 그는 1806년에 윌리엄스대학(Williams College)에 입학하였다. 당시 미국의 동부 지방의 영적 분위기는 대각성 운동의 영향 아래 있었고, 그 영향으로 대학교 캠퍼스에서는 여기저기 소그룹 기도 모임이 활기를 띠었다.

새뮤얼 밀스를 중심으로 한 학생 기도 운동도 차츰 확산되던, 즉 1806년 8월 어느 날, 밀스와 그의 동료들이 산에서 기도하다가 소나기를 만난 일이 하나의 전기가 된다. 그때 그들은 소나기를 피하기 위해 건초더미 속에 들어가 비가 그칠 때까지 통성으로 기도했다. 그런데 바로 여기서 해외 선교에 대한 구체적인 비전이 이들의 기도 가운데서 나타난 것이다. 이 후 이것은 대학 간 그리고 신학교 간 해외 선교 운동으로 발전되어 나갔으며, 그 후 학생해외선교협회가 조직되고 학생자원운동자(SVM)으로 선교의 불길이 번져 나갔다. 이러한 학생 선교 운동은 미국의 모든 교단과 교회들이 선교사를 파송하고 후원하도록 하는 선교 운동에 불을 붙이는 시작이 된 것이다.

건초더미 기도회

북미주 대륙에서 교회의 해외 선교에 대한 관심은, 학생들의 기도 운동의 영향에서 비롯되었다고 보는 것이 사가들의 공통된 견해이다.[1] 보다 더 정확히 말한다면 새뮤얼 밀스라는 대학 1학년생의 영향력에서 시작되었다고 보는 것이다. 그는 코네티컷 주 회중 교회 목사의 아들로 태어났는데, 그의 어머니는 평소에 아들 밀스를 두고 "나는 이 아들을 선교사로 바칩니다" 라고 하나님께 기도했다는 것이다.[2] 이러한 기도를 그 당시에 했다는 것은 실로 놀라운 일이다. 왜냐하면 당시 교회에서는 '선

---

[1] Watson A. Omulogoli, *The Student Volunteer Movement: Its History and Contribution*(Wheaton, Ill.: Wheaton College, 1967), unpublished Th.M. Thesis, 18.
[2] Ibid.

교'라는 어휘조차 사용되는 일이 없었고, 해외에 나간 선교사는 한 사람도 없었으며, 해외 선교사를 내보내는 선교부나 선교회도 없었기 때문이다. 그리고 밀스도 19살 때 아버지에게, "가련한 이방인에게 구원의 복음을 전하는 것 이상으로 만족한 생활은 생각할 수 없다"고 말했으니, 이때부터 그는 이미 해외 선교사로 나갈 꿈을 갖고 있었던 것 같다.

1806년 밀스의 나이 23살 때 매사추세츠 주에 있는 윌리엄스대학에 입학했다. 이 대학은 당시 동부를 휩쓸던 대각성 운동의 영향을 크게 받고 학교 캠퍼스 내에서는 여기저기 기도 모임이 주 2회 모이고 있었다. 밀스 역시 다른 4명의 친구와 함께 자주 모여서 기도회를 가지곤 했다.

사도행전 10장 34절의 베드로의 설교 중에 "하나님은 사람을 외모로 취하지 아니하시고"라고 했는데, 밀스도 과연 볼품 없는 외모의 소유자였고, 지적으로도 매우 저조한 학생이었다고 한다. 클래런스 쉐드가 쓴 「기독 학생 운동 2세기」에 보면, 밀스는 "항상 어색한 모습에 볼품없는 태도, 융통성 없고 침울한 목소리의 주인공이었지만, 주님을 향해 활활 불타는 뜨거운 가슴과 복음을 해외에 전파하려는 강렬한 결심을 가졌기 때문에, 그의 주변에는 죄의 회개와 영적인 문제에 대해 상담하고자 하는 많은 학생들이 줄을 이었다"고 기록되어 있다.[3]

밀스의 규칙적인 생활의 일면 중 수요일과 토요일 오후에는, 가까운 강 언덕이나 대학 가까이에 있는 산골짜기에 4명의 친

---

3) Clarence Shedd, *Two Centuries of Student Christian Movement*(New York: Association Press, 1934), 49-50; David M. Howard, *Student Power in World Mission*(Downer Grove, Ill.: InterVarsity Press, 1979), 73-75.

구들과 같이 기도로 시간을 보내는 것이었다.[4] 그러한 생활 가운데서 1806년 8월 어느 토요일 오후 밀스와 네 친구는 산골짜기에서 기도회를 마치고 돌아오는 길에 소나기를 만났다. 그들은 소나기를 피하기 위해 건초더미 아래로 들어갔다. 그곳에서 비가 멎기까지 기도를 계속하기로 하고 학생들 간에 해외 선교에 관해 자각 운동이 일어나게 해달라고 간절히 통성으로, 그리고 합심하여 기도했다.

밀스가 이끄는 대학 1년생의 기도 모임에 주님의 약속대로 과연 놀라운 현상들이 나타났다. 기도하던 이 5명의 학생들 가슴속에 성령 충만과 성령 폭발의 놀랍고도 뜨거운 체험이 느껴지기 시작했다. 이들의 생애에 엄청난 변화가 일어나기 시작했다.

기도회 인도 때 밀스는 "만일 우리가 하고자 하기만 하면 할 수 있다"고 친구들을 격려했는데, 이 말은 후에 그들의 표어가 되었다. 이들은 이제 완전히 성령에 사로잡힌 자들이 되었다. 마치 사도행전 2장의 장면처럼 완전히 새 술에 취한 바 되어, 선교 역사상 최초로 '학생 선교회'를 구성하고 기도회와 성경공부, 전도에 완전히 미친 사람처럼 되어 버렸다.[5]

이들을 통해서 뉴잉글랜드 지방에서는 복음의 천둥이 울고, 지진이 일어나고, 둑이 터져 홍수가 흘러내리는 것처럼 복음화의 물결이 이루어지고 있었다. 사람들은 이 다섯 학생들이 기도하다가 정신이 돌아버린 것이라고 하며, 어떤 이는 비난하기도

---

4) Ibid.
5) Ibid.

하고, 어떤 이는 동정하기도 했다.

미국의 선교역사가인 라투렛 교수는 지적하기를, "미국 교회가 해외 선교에 대해 최초로 크게 자극을 받은 계기는 바로 이 건초더미 기도회에서부터였다"고 했다.6) 당시 그 기도회의 한 회원이었으며 해외 선교사로 나가 있던 브라이언 그린(Bryan Green)이 1854년 윌리엄스를 방문하여 건초더미 기도회의 정확한 위치를 가르쳐 준 후 1867년 그곳에 기념비가 세워졌다. 그 기념비 제막식에서 마크 홉킨스(Mark Hopkins) 여사는 "기도회를 추념하여 기념비를 세우게 된 것은 이것이 세계 역사상 최초이다"라고 말했다.7)

이 건초더미 아래서 기도회를 마친 5명은 마을로 내려와서 기도회 모임을 더 확산시키고 세계 선교를 위해 더욱 자주 모임을 가지기 시작했다. 이 모임의 영향으로 많은 학생들이 저들의 생애를 해외 선교에 바치기로 작정했다.

2년 후인 1808년 9월에 이들은 '형제회'(The Society of Brethren)란 단체를 창설했다. 그 구성원들은 전 세계에 복음을 전파하는 데 자신을 바친다는 비밀 맹세를 함으로써 굳게 단결했다. 이들은 인근 대학으로 흩어져 각 대학마다 해외 선교에 헌신할 동지들을 찾으며, 이와 같은 기도 모임을 각 대학마다 구성하는 운동을 전개해 나갔다.

이들의 영향에 의해 1812년 2월 19일 미국 역사상 최초로

---

6) Kenneth S. Latourette, *These Sought of a Country*(N.Y. : Harper & Brothers, 1950), 46.
7) Haystack Centennial(Boston: American Board of Commissioners for Foreign Missions, 1907), 216.

아도니람 저드슨(Adoniram Judson)과 새뮤얼 뉴웰(Samuel Newell)이 인도 선교사로 떠나고, 새뮤얼 모트(Samuel Mott), 고든 홀(Gorden Hall), 루터 라이스(Luther Rice)도 인도 선교사로 뒤를 따랐다.8)

이 건초더미 기도회로부터 4년도 못 되어 이 다섯 학생들의 영향으로 미국 역사상 최초의 '북미선교회'를 형성하게 되었고, 그로부터 1년 반 만에 아시아에 최초로 선교사를 파송하게 되었다..9) "십자가의 도가 멸망하는 자들에게는 미련한 것이요 구원을 얻는 우리에게는 하나님의 능력이라"(고전 1:18). 이 하나님의 능력이 어린 대학생들의 기도에 의해 미국 교회로 하여금 선교에 눈뜨게 하였고 아시아, 아프리카로 선교사가 쏟아져 나가는 계기가 되었다.

이 건초더미 기도회(Haystack Prayer Movement)를 이끌어 간 밀스가 남긴 업적을 조사해 보면, 그의 관심과 활동의 폭이 상당히 넓은 것에 놀라지 않을 수 없다. 그는 북아메리카에서는 ① 1812년에 최초의 해외 선교부를 창설했고, ② 뉴욕 빈민가와 유태인 거리에서 복음 전하는 일로 공헌했으며, ③ 사회 활동에도 다양하게 참여하여 헌신했고,10) ④ 1816년 미국성서공회(American Bible Society) 발족의 중추적 역할을 했으며, ⑤ 선박성서연구회를 설립하고, 선원들의 복음화에 공헌했으며, ⑥ 미시시피 유역에서 흑인들에게 전도해서 이들 흑인들을 해

---

8) Howard, 77-78.
9) Ibid.
10) William B. Sprague, *Annals of the American Pulpit*(New York: Robert Larker and Brothers, 1859), 568.

방시킨 후, 이들에게 선교사 훈련을 시켜서 아프리카로 송환하여 아프리카 자기 종족에게 복음을 전하게 한다면, 이들이야말로 최상의 선교사가 될 것이라고 확신했다.

그는 1817년 11월에 아프리카 흑인 송환 예정지를 실제로 답사했다. 그곳은 지금의 리비아에 해당한다. 그러나 안타깝게도 그는 1818년 6월 5일 35세의 나이로 요절하였다. 건초더미 기도회 후 12년 만의 일이었다. 그러나 그가 하나님께 드린 기도는 영원히 역사에 길이 남을 것이다.

학생해외선교협회(1810)

19세기는 북미주에서 많은 선교 단체가 조직되고 많은 선교 운동이 일어났는데, 이러한 운동의 대부분은 학생들을 중심으로 시작되었다.[11] 건초더미 아래서 시작된 기도회로 인해, 미국 내의 수많은 학생 단체에 영적 각성 운동이 크게 일어나기 시작했다. 이 각성 운동은 전 세계에 복음을 전파해야겠다는 해외 선교 운동으로 번져가는 계기가 되었다.

쉐드 박사에 의하면, 이러한 여러 학생 단체에 의해 형성된 해외 선교의 관심으로 YMCA와 YWCA가 창설되었는데, 이 두 단체는 학생 선교 활동을 위한 연락 기관으로, 또 학생들의 자원 기관으로, 전국의 대학생들을 대상으로 구성되어 나중에는 전 세계적인 기구로 발전한 것이다.

---

11) Howard, 81.

건초더미 아래서 함께 기도하던 학생들에 의해 윌리엄스대학에서 설립된 형제회는 광범위하고도 범세계적인 영향을 끼쳤다.[12] 1810년 앤도버(Andover) 시에서 결성된 이 형제회는 그 후 60년간 미국의 해외 선교 활동의 중심지가 되었다. 그동안 527명의 학생들이 이 회에 가입했고, 그중에 50%의 학생들이 선교사로 해외에 나갔다.[13]

개신교(Protestant) 선교 100년의 역사를 기념하는 한국의 대학생 선교 단체에서 최근 이와 비슷한 운동이 일어나고 있다. 1974년까지만 해도 한국의 각 교단 및 교회에서 해외에 파송한 선교사는 겨우 52명 정도였는데, 학생 선교 단체에서 해외로 파송한 장·단기 선교사를 합한 수는 327명이었다. 21세기에 와서 이 수는 곧 12,000명 선을 넘어서고 있다. 이 숫자는 한국 교회가 복음에 빚진 자 의식을 가지고 초대 교회 때부터 해외 선교를 강조하고 선교사 훈련을 시켜서 해외로 파송한 결과에 힘입은 바가 크다. 200년 전에 미국 땅에 일어났던 그 기적과 그 사명이 이제는 한국 교회로 넘어온 것이 확실하다.

선교문제연구회

1811년에는 해외 선교에 보다 크게 영향을 끼친 학생 단체가 또 하나 조직되었는데, 역시 앤도버 시에 조직된 '선교문제

---

12) Ibid.
13) Ibid.

연구회'(The Society of Inquiry)이다. 이 연구회의 창립 회원 9명 가운데 새뮤얼 밀스 등 7명은 형제회와 동시에 두 단체에 가입하고 있을 정도로 밀접한 관계가 있었다. 이 연구회는 100년 이상 존속했다.[14]

이 연구회의 목적은, ① 선교에 관한 정보를 제공하고, ② 선교에 관한 교육, 계몽을 실시하는 것이다. 즉 선교 대상국에 대한 자세한 정보를 수집, 분류하고 해설하여 각 교회와 각급 학교에 공급하여 선교적 사명에 관해 일깨우는 것이었다. 이 연구회로 인해 각 교회와 대학이 선교에 대한 세계적 사명을 절실히 깨닫는 데 영향을 크게 끼쳤다.[15]

1856년 당시 미국에는 156개의 대학이 있었고, 그중 약 절반에 해당하는 70개 대학에 다양한 기독교 단체(기도, 성경 연구, 선교, 봉사)가 있었다. 그중 49개 대학에 해외 선교 단체가 설립되었는데, 이것은 '선교문제연구회'의 영향을 받은 것이었다.[16]

프린스턴해외선교회

건초더미 기도 운동의 영향으로 헌신한 사람 가운데 로열 윌더(Royal G. Wilder)라는 학생이 있었는데, 그는 1840년 앤도버에서 대학 재학 중 형제회에 가입하고 해외 선교에 헌신을 자원했다. 이어 1846년에 아메리카 선교부 파송으로 인도에 가서 선

---

14) Ibid., 82.
15) Ibid.
16) Ibid., 83.

교사로 30년간 선교했다.

    1877년에 건강상 이유로 귀국하여 뉴저지 주 프린스턴(Princeton)에 거주했으며, 거기서 선교 전문 저널인 <Missionary Review of the World>를 창간했다. 그의 아들 로버트 윌더(Robert P. Wilder)는 1881년 프린스턴대학에 입학했다. 그는 1883년 여름에 하트퍼드(Hartford)에서 열린 '세계 선교를 위한 신학교 연맹'(Inter-Seminary Alliance for Foreign Mission)에 두 친구와 함께 참석했다. 여기서 고든(A.J. Gordon) 박사의 뜨거운 설교, "선교와 성령의 뜨거운 역사"를 듣고 크게 감명을 받았다.

    로버트 윌더가 쓴 「학생 자원자 운동」(*The Student Volunteer Movement*)을 보면 이런 말이 있다. "우리 셋은 두 가지 간절한 소망을 안고 프린스턴으로 돌아왔다. 하나는 우리 대학의 영적 부흥이며, 또 하나는 프린스턴의 모든 학생들이 해외 선교에 관심을 기울이게 하는 일이다. 우리는 매일 정오가 되면 각자 서너 사람씩 동역자를 얻기 위해 기도하며 친구들을 설득했다. 그러고 나서 함께 기도하던 동역자들과 다시 개별적으로 흩어져 새로운 기도 파트너를 만들어 가는 일을 계속해 갔다."

    로버트 윌더와 그의 두 친구가 뿌린 기도의 씨앗이 빛을 본 것이다. 이 결과 윌더와 그의 친구는 1883년 가을 프린스턴 캠퍼스 내에 프린스턴해외선교부를 조직했다. 프린스턴 해외 선교 헌장에는 다음과 같은 취지가 실려 있다.

    본 선교부는 대학생들 가운데 선교사를 양성, 선교에 관한 모든 문제에 있어서 부원 간에 연락함으로써 해외 선교 사업에 헌신하는 것을 취지로 삼는다. 여기 서명하는 우리는 주께서 원하시는 바, 아직 복음이 전해지지 않은 곳에 자원하는 마음으로 갈 것을 선언한다.

이 선교부원들은 매주 일요일 밤마다 윌더의 집에 모여 기도회를 했다. 이때 윌더의 누이 그레이스(Grace)는 다른 방에서 이들을 위해 기도했다. 기도 제목은 "자원하는 100명의 선교사들이 해외에 나가 안전하게 복음을 전하게 해달라!"는 것이다.[17]

헐몬 산 집회

선교 역사상 '황금 고리'(golden chain)라 불리는 첫 번째 고리는, 1806년의 건초더미 기도회 운동이다. 그 후 80년간 이 고리는 연속되다가 1886년 헐몬 산 집회로 연결되는 마지막 고리에서 끝난다. 당시 프린스턴대학에서 YMCA를 지도하고 있던 루터 위셔드(Luther Wishard) 씨의 제의에 의해 당대의 복음 전도자인 D.L. 무디를 강사로 초청해서 헐몬 산에서 대학생 성경사경회를 열기로 하였다.

위셔드와 찰스 오버(Charles Ober)는 각 대학을 순회하면서 집회 참가 학생 모집에 열을 올렸고, 프린스턴에서는 로버트 윌더가 여기에 적극 호응했다. 윌더의 누이 그레이스는 헐몬 산

---

17) Ibid.

집회에 관해 예언했는데 이 예언은 적중하였다. "우리의 기도가 헐몬 산 집회에서 응답되어 전 대학으로 기도 모임이 파급될 것이고 선교사 지원자 100명을 채워 줄 것을 믿어요." 코넬(Cornell)대학에서는 존 모트(John R. Mott)가 적극적인으로 호응을 했는데, 그는 나중에 국제선교협의회(IMC)를 창설했고, 1910년 영국 에든버러에서 세계 최초로 세계 선교 대회를 개최하였다. 미국과 캐나다 89개 대학으로부터 251명의 학생이 참석하였다.[18]

초청 강사인 D.L. 무디는 복음 전하는 수단으로 '음악'과 '성서 공부'를 강조하면서, 학생들이 자유로운 분위기 속에서 대화해 주기를 강조했다. 이 기간 동안 로버트 윌더와 20명의 학생들은 시간을 내어 규칙적으로 만나, 이번 집회에 빚진 자 의식을 가지고 많은 선교사 지원자들이 나올 수 있도록 간절히 기도했다. 일찍이 사도 바울은 "나는 복음에 빚진 자라, 이 일을 하지 아니하면 내게 화가 미칠 것임이로다" 하며 복음을 전했었다.[19]

윌더와 21명의 기도 그룹의 기도에는 위력이 있었다. 학생들은 하나 둘 해외 선교에 대한 강하고도 뜨거운 소명을 느끼고, "하나님이 허락하시면 아직 복음이 들려지지 않은 곳으로 기꺼이 가겠다"는 결의로 프린스턴 헌장에 서명했다.[20]

6월 16일 이 기도 그룹은 유명한 성경학자이면서 <세계 선교 개관>(*Missionary Review of the World*)의 편집자이신 피어슨

---

18) Ibid.
19) Ibid.
20) Howard, 91.

(A.T. Pierson) 박사에게 "선교에 대한 주님의 계획"이라는 제목의 메시지를 부탁했다. 이에 피어슨은 "모든 사람이 가야 하되 모든 사람에게로 가야 한다"고 설교하여 큰 감명을 불러일으켰다.[21] 이 설교에서 피어슨 박사는, 후에 학생 자원자 운동(SVM)의 슬로건이 된 '세계 복음화는 우리 세대에(World Evangelization in Our Generation!)'를 제창했다. 이 설교로 인해 해외 선교에 대한 학생들의 관심과 기도 소리는 더욱 고조되었다.

그 다음 일주간은 그룹별로 선교에 관한 기도회를 개최한 후, '10나라 선교에 관한 모임'을 열어 10명씩 10개국의 영적 갈급 상태와 선교 사역에 관해 학생들 앞에서 역설하였다.[22] 학생들은 방에서 그리고 나무 그늘 아래서 조용히 기도하였다. 이 모임 후 매일 밤마다 해외 선교에 지원한 학생이 따로 모여 기도회를 하였다. 마지막 날 저녁에는, 꼭 100명의 해외 선교를 지원한 프린스턴 헌장 서명자들이 모였다. 돌아온 윌더는 기쁨에 차서 누이 그레이스의 기도를 주님이 그대로 들어주셨다고 했다. 이런 케임브리지의 일곱 학생들이 선교에 끼친 영향을 생각하면서 4인조를 구성하여 여러 캠퍼스를 순회하였다.[23]

이에 대하여 헐몬 산에서 받은 세계 복음화의 비전을 프린스턴 졸업생인 존 포먼(John Forman)과 윌더가 미국과 캐나다에 있는 162개 학교를 방문해서 나누었다. 그러자 1886-1887년, 1년 사이에 2,100명의 학생이 해외 선교사로 나가겠다고 지원

---

21) John R. Mott, *Five Decades and a Forward View*(New York: Harper and Brothers, 1939), 4.
22) C. Howard Hopkins, *History of the Y.M.C.A. in North America*(New York: Association Press, 1951), 15.
23) Howard, 92.

하고 프린스턴 헌장에 서명하였다. 그중에 여학생이 500명이 었다.24) 이 서명자 가운데 이슬람 선교에 큰 공로를 남긴 새뮤얼 즈웨머(Samuel Zwemer) 등 훌륭한 선교사들과 선교역사가 로버트 스피어(Robert E. Speer) 등 훌륭한 선교학자들이 된 선교 헌신자가 많이 나왔다.25)

프린스턴해외선교부와 헐몬 산 운동의 연합(SVM)

프린스턴해외선교부는 책임자인 윌더가 1887년 신학을 공부하고자 뉴욕 유니언신학교(Union Theological Seminary)에 들어가면 지도자 결여 문제로 헐몬 산 운동 그룹과 연합이 불가피해졌다. 윌더는 유니언신학교에서 공부하는 동안 가까운 교회와 대학교들을 방문해서 선교의 필요성을 끊임없이 강조함으로써 선교열을 불러일으켰다.

한 해 동안 그는 복음 전도자가 되려고 준비하는 600명의 젊은이를 만났다.26) 또한 그는 곧 시기를 놓치지 않고 저들을 선교 현장과 연결시켜야 함을 깨닫고 1887년 7월에 매사추세츠 주 노스필드(Northfield)에서 50명을 모았다. 여기서 여러 협력 단체 대표들로 구성된 실행위원회가 결성되었는데, 존 모트는 YMCA 대표로, 로버트 윌더는 신학교 연맹 대표로 모였는데,

---

24) Robert P. Wilder, *The Student Volunteer Movement: Its Origin and Early History*(New York: The Student Volunteer Movement, 1935), 21.
25) Howard, 93.
26) Ibid.

이 모임의 회장은 존 모트였다. 1888년 11월 6일 이 모임은 공식적으로 '학생 선교 자원자 운동'으로 호칭되었고 뉴욕 시에서 결성되었다.27)

여기에서 학생 선교 자원자 운동(SVM)은 다음과 같은 5가지 목적을 두고 있다.

① 학생들이 장래 생업으로 해외 선교 사역을 전적으로 고려해 보도록 개인적으로 지도하기.
② 선교를 지원한 학생들을 선교부에서 직접 지원할 때까지 학업 면에서나 선교 활동 면에서 도와주기.
③ 이것이 매우 공격적인 운동이 되기 위해, 또 하나의 보편적이고도 조직적인 운동이 되기 위해 전체를 하나로 묶기.
④ 여러 선교부에서 필요로 하는 자격을 갖춘 지원자를 확보하기.
⑤ 국내에 남아 있는 학생들에게 기도와 헌금으로 선교 사업을 강력히 지지할 수 있도록 해외 선교에 관한 정보와 관심을 유발하고 유지하기.28)

앞서 말한 바 있는 헐몬 산 집회 때 피어슨 박사가 외친 '세계 복음화는 우리 세대에!'라는 슬로건은 학생 선교 자원자 운동의 커다란 표어가 되었다. 이 표어에 대해 독일의 선교역사신

---

27) 학생 선교 자원자 운동(SVM: The Student Volunteer Movement)에 대해서는 Michael Parker, *The Kingdom of Character*(New York: ASM and University Press of America, 1998) 참고.
28) Mott, 8.

학자 구스타프 바르네크(Gustav Warneck)는 "전 세계를 기독교화하려는 오만한 표명"이라고 폄하함으로써 순수한 선교의 의미를 오해하기도 했다. 그러나 윌리엄 호그는 그의 저서 「교회연합의 기초」를 통해 "SVM의 구호가 나타내 주는 진정한 의의는 전 세계에 복음을 전해야 할 책임이 그 세대에게 있음을 강조하는 것"이라고 말했다. 그 내용은 다음과 같다.

"SVM 표어에 대해 그 가치를 훼손시키는 사람들은 대부분 유럽 대륙인들인데, 이들은 SVM의 진정한 의미를 모르는 자들이다. SVM의 표어는 예언도 아니고 이 세대 안에 전 인류를 개종시키는 것이 가능하다는 소리도 아니다. 어느 시대든지 전 세계에 복음을 전하는 것은 그 세대의 책임이라는 사실을, SVM 활동을 통해서 이 운동에 호응하는 많은 젊은이들이 깨닫도록 해주는 데 의미가 있다. 구원의 메시지를 당대 사람이 들려주지 않는다면, 그들의 영혼은 영원히 복음을 듣지 못해서 구원을 놓치게 된다. 이것은 당대 그리스도인의 책임이다."[29]

존 모트는 하나님 나라에 대한 개념을 더 넓게 해주는 데 있어서, "내 생명의 인도자와 구주로서 예수님을 맞아들인 후, 이 표어가 어떠한 사상보다도 나에게 더 큰 영향을 주었다고 하는 것이 나의 진실한 답변이라고 할 수 있다"고 했다.[30]

---

29) William Richey Hogg, *Ecumenical Foundations*(New York: Harper & Brothers, 1952), 88.
30) John Mott, *Christian Students and World Problems: Report on the Ninth International S.V.M. Convention, Indianapolis, 1924*(New York: Student Volunteer Movement), 64.

학생 선교 자원자 서약 카드에는 "하나님이 허락하신다면 해외 선교를 나의 소명으로 삼겠다"고 되어 있는데, 자원자 한 사람 한 사람이 여기에 서명한다는 사실은 하나님의 부르심에 대한 자신의 응답으로 여긴 것이다. 여기에 자원한 많은 학생들은 하나님의 확실하신 뜻을 알기를 원했고, 또한 그 뜻을 알기 위해서 끊임없이 기도했다. 그리스도인의 삶의 모든 영역에서 다 그러하듯이, 선교에 있어서는 특히 하나님의 뜻이 매우 중요한 것이다. 사도 바울은 갈라디아 지방을 위시한 소아시아를 복음화시키고자 했으나, 하나님의 뜻이 마케도니아로 건너가는 데 있었으므로 자기의 뜻을 포기하였다. 언더우드 역시 원래 인도 선교사로 가고자 원했으나, 하나님의 뜻이 동방의 조그마한 눈물 겨운 나라 한국에 가는 것이었으므로 한국 선교사가 되었던 것이다.

SVM의 성장

그 후 약 30년 동안 SVM은 놀랍게 성장해 나갔다. 1891년 오하이오 주 클리블랜드(Cleveland)에서 '1차 국제 학생 선교 대회'(The First International Student Missionary Convention)가 열렸다. 이 대회 결의 사항 중 하나로, 여기서 이러한 집회를 매 4년마다 개최할 것을 결정하였다. 이 대회에는 32명의 선교회 대표와 31명의 외국 선교사, 그리고 151개의 학교에서 온 558명의 학생이 참석했다.[31]

2차 클리블랜드 집회 때는 미국과 캐나다에서 352개 교육 기관으로부터 6,200명의 젊은이들이 모였으며, 이 가운데 321명은 해외 선교 경력이 있는 장·단기 선교사였고, 해외 선교사들은 40개 대학과 32개 신학교에서 재정 지원을 약속받았다. 이 모든 일들은 D. L. 무디의 헐몬 산 집회 후 5년이 채 못 되어 일어난 것으로서, 이 운동은 영국과 스칸디나비아 그리고 남아프리카까지 확산되어 갔다. 1895년에는 스웨덴 바르셀로나에서 '세계기독학생연맹'(The World's Student Christian Federation)이 모였고, SVM의 의장인 존 모트가 세계기독학생연맹(WSCF) 회장으로 당선되었다.[32]

모트는 바르셀로나에서 여러 번 집회를 가진 후 2년 간 근동, 인도, 실론, 중국, 일본, 오스트레일리아, 뉴질랜드, 하와이에 있는 여러 대학을 방문하였다. 그 결과 4개국에서 70개의 기독학생 운동 협회가 결성되었다. 이후 25년 동안 SVM은 현저한 성장과 발전을 거듭해서, 한때는 700개 교육 기관에 40,000명의 회원을 기록할 때도 있었다.[33]

이 기관과 운동을 통해 세계적으로 선교에 헌신한 학생 수가 매년 수천 명에 달했다. 선교역사학자 스티븐 닐과 루스 루즈가 쓴 「교회 연합 운동사」에 의하면, "1945년까지 SVM에 의해 해외 선교사로 나간 수는 20,500명에 해당한다"고 했다.[34]

1920년 아이오와 주 디모인(Des Moines) 집회 때는 949개

---

31) Wilder, 58.
32) Ruth Rouse, *The World's Student Christian Federation: A History of The First Thirty Years*(London: S.C.M. Press, 1948).
33) Mott, 12.
34) Ruth Rouse & Stephen C. Neill, *A History of The Ecumenical Movement, 1517-1948*(Philadelphia: Westminster Press, 1967), 328.

학교에서 6,890명의 학생들이 참석했고, 새로 등록한 복음 전도자만도 2,783명(선교사 지망생)에 달했다. 그러나 제1차 세계 대전과 경제 공황의 영향으로 이 숫자는 쇠퇴하였다. 체온계가 건강 쇠퇴의 징후를 나타낼 수 있는 것처럼, 통계에 의해서 어떤 운동이 활발한지 미약한지에 관한 초보적인 징후를 알 수 있다. 그러나 수많은 대학생들과 교회에 세계 선교의 필요성을 깨우치고 수많은 대학생들에게 선교적 영향을 끼쳤던 SVM운동은, 1940년에는 거의 영향력을 상실했다.

그 이유는 무엇인가? 윌리엄 베엄 박사는, ① 지도층의 교체, ② SVM의 재정난, ③ 지도층의 과밀(1920년에 6명에서 30명으로 행정위원들이 늘어남), ④ 학생들의 관심이 전도와 선교로부터 다른 데로 옮겨짐, ⑤ 성경 연구 및 전도 그리고 해외 선교에 일생토록 헌신하고자 하는 문제에서 인종 문제, 경제적 불공정, 영토 확장주의에 대한 연구와 비판으로 SVM의 근본 활동의 변경, ⑥ 토착 교회 지도자의 증가로 해외 선교부 의존에 대한 필요가 감소, ⑦ 사회 복음의 출현 및 선교의 경계가 상실됨으로써 해외 문제에서 국내 문제로 관심을 돌린 것 등을 들었다.[35]

---

35) William H. Beahm, *Factors in the Development of the Student Volunteer Movement for Foreign Missions*(unpublished Ph.D. dissertation, University of Chicago, 1941), 14-15.

결론

　오순절 날 성령이 예루살렘에 모여 기도하던 성도들 위에 임하자, 그들은 즉시 "하나님의 큰일"(행 2:11)을 행함으로써 3천 명이 회개하고 세례를 받았다. 그 후에는 또 5천 명이 회개하고 세례를 받았다. 제자들의 숫자는 계속 증가했고, 성령은 교회 확장을 위해서 사람들에게 필요한 은사를 주셨다. 성령은 각양 은사를 받은 사람들을 사방으로 흩어지게 하며 복음을 전하게 하였다.

　이 책에서는 선교 역사의 시발점을 오순절 날에 두고 최초의 선교사로서 베드로에게 초점을 맞추고 선교 이야기를 시작했다. 바울을 최초의 선교사로 보아온 종래 선교 역사의 대세 때문에 베드로가 예수 그리스도 이래 최초의 선교사라는 주장은 당장 좋은 반응이 있기를 기대하지는 않지만, 예루살렘 교회에 성령의 불길이 붙은 것은 베드로의 설교를 통해 하나님이 세계 선교의 역사를 시작하신 증거가 된다.

　19세기부터 시작된 미국의 해외 선교 운동이 학생 자원자 운동(SVM)을 중심으로 확산되어 미국 교회의 선교 운동에 불을 붙인 역사를 강조한 것은, 과거의 선교 역사를 서구 제국주의의 한 요소로 보는 학자들의 사관에 약간의 문제 제기의 성격도 있다.

윌리엄 허친슨(William R. Hutchinson)은 선교 역사를 "제국주의 역사와 동등시하되 다만 도덕적 요소가 있다"고 보았고, 에밀리 로젠버그는 선교사를 "미국의 경제 팽창의 문화적 동반자"라고 했는데, 본서는 이러한 종래의 사관에서 벗어나 성령께서 움직이시고 그 성령의 능력에 사로잡힌 사람들의 역동적 움직임을 스케치해 본 것이다.[1]

19세기는 미국이 세계 제국주의 경쟁에 공식적으로 뛰어든 시기다. 미국의 제국주의가 해외로 진출해 나가는 곳에는 해외 선교사들의 진출과 매우 밀접한 관계를 가진다. 그들은 낙관론에 바탕을 둔 정복주의 사관을 가지고 있는데 이러한 선교역사가들 중 한 사람이 케네스 라투렛이다.[2]

그러나 역사는 19세기의 낙관론에 바탕을 둔 정복 사관의 기대대로 진행하지 아니하였다.

그들의 사관에 문제가 존재하고 있었음을 부인할 수 없다. 하나님의 창조 질서에 다시금 관심을 갖지 아니할 수 없게 되었고, 보잘것없는 변두리의 작은 존재에도 관심을 가지는 주변 갱신의 새로운 역사의식을 환기해 나갈 필요성을 느낀다. 북미

---

1) Emily S. Rosenberg, *Spreading the American Dream: American Economic and Cultural Expansion, 1890-1945*(New York: Hill and Wang, 1982), 28.
2) Henry W. Bowden, *Church History in an Age of Uncertainty: Historiographical Patterns in the United States, 1906-1990*(Carbondale: Southern Illinois University Press, 1991).

대륙의 인디언 선교와 학생 선교 운동은 그러한 관점에서 볼 때 대단히 중요한 의미를 가진다.

  이 책은 세계 선교 운동사의 서론적 구상에 해당한다. 앞으로 세계 선교 운동사는 과거의 정복 사관, 식민주의 사관에서 탈피하여, 환경 친화적이면서 역동적인 사관 내지는 성령 충만한 선교사들의 삶의 이야기 속에서 더욱 풍성히 전개되어 나갈 것으로 스스로 기대한다.

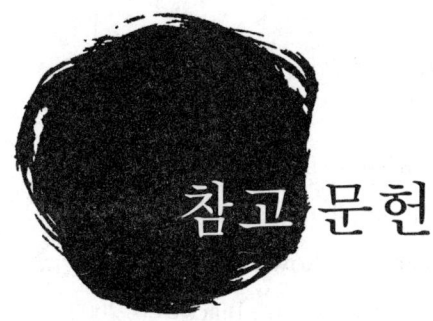

참고문헌

Ahonen, Tiina. *Transformation Through Compassionate Mission: David Bosch's Theology of Contextualization*. Helsinki: Luther-Agricola-Society, 2003.

Amstrong, Karen. *A History of God*. Knopf, 1993.

Bainton, Roland. *Christian Attitudes Towards War and Peace: A Historical Survey and Critical Re-evaluation*. Nashville: Abingdon Press, 1960.

Barnes, Timothy. *Constantine and Eusebius*. Cambridge: Harvard University Press, 1981.

Bartley, Jonathan. *The Subversive Manifesto: Lifting the Lid on God's Political Agenda*. Oxford: Bible Reading Fellowship, 2003.

Beahm, William H. *Factors in the Development of the Student Volunteer Movement for Foreign Missions*. unpublished Ph. D. dissertation, University of Chicago, 1941.

Beisner, E. Calvin. *Prosperity and Poverty*. Westchester, Ill.: Crossway Books, 1988.

Bosch, David. *Transforming Mission: Paradigm Shifts in the Theology of Mission*. Maryknoll: Orbis, 1991.

Bradstock, Andrew and Christopher Rowland(eds.). *Radical Christian Writings: A Reader*. Oxford: Blackwell, 2002.

Bredero, Adriaan. *Christendom and Christianity in the Middle Ages: The Relations Between Religion, Church, and Society*. Grand Rapids: Eerdmans, 1986.

Broomhall, A. *Hudson Taylor & China's Open Century*. London: Hodder & Stoughton, 1981.

Brown, Callum. *The Death of Christian Britain: Understanding Secularisation 1800-2000*. London: Routledge, 2001.

Brown, Peter. *The Rise of Western Christiandom: Triumph and Diversity, A.D. 200-1000*. Oxford: Blackwell, 2003.

Brueggemann, Walter. *Cadences of Home: Preaching Among Exiles*. Louisville: Westminster John Knox Press, 1997.

Bonhoeffer, Dietrich. *Creation and Fall*. New York: Macmillan, 1959.

Bowden, Henry W. *Church History in an Age of Uncertainty: Historiographical Patterns in the United States, 1906-1990*. Carbondale: Southern Illinois University Press, 1991.

Broadbent, E. H. *The Pilgrim Church*. London: Pickering & Inglis, 1974.

Brodrick, James. *Saint Francis Xavier*. N.Y.: Wicklow, 1952.

Bruce, F. F. *The Spreading flame*.

Cameron, Euan. *The Reformation of the Heretics: The Waldenses of the Alps, 1480-1580*. Oxford: Clarendon Press, 1984.

Clapp, Rodney. *A Peculiar People: The Church as Culture in a Post-Christian Society*. Downers Grove: InterVarsity Press, 1996.

Cronin, Vincent. *The Wise Man from the West*. N.Y.: Dutton, 1955.

Cobb, Jr., John B. *Is It Too Late?: A Theology of Ecology*. Beverly Hills, CA: Bruce, 1972.

_____. "Post-modern Christianity in Quest of Eco-justice" in *After Nature's Revolt: Eco-Justice and Theology*, ed., Dieter T. Hessel. Minneapolis: Augsburg Fortress, 1992.

_____. *Sustainability: Economics, Ecology, and Justice*. Maryknoll, N.Y.: Orbis Books, 1992.

Cox, Harvey. *The Secular City: Secularization and Urbanization in Theological Perspective*. New York: The Macmillan Co. 1965.

_____. *Five from Heaven: The Rise of Pentecostal Spirituality and the Reshaping of Religion in the Twenty-First Century*. New York: Addison-Wesley Pub. Co., 1995.

Davie, Grace. *Europe: The Exceptional Case*. London: Darton,

Longman & Todd, 2002.

Dawson, Christophe. *The Making of Europe*. Impression, 1953

Drake, H.A. *Constantine and the Bishops: The Politics of Intolerance*. Baltimore: John Hopkins University Press, 2000.

Drane, John. *The McDonaldization of the Church: Spirituality, Creativity, and the Future of the Church*. London: Darton, Longman & Todd, 2000.

Durank, Will. *The Reformation, Vol.6*. N.Y.: Simon & Schuster, 1957.

Durnbaugh, Donald. *The Believers' Church: The History and Character of Radical Protestantism*. Scottdale: Herald Press, 1985.

Edwards, Jonathan. *The Life and Diary of David Brainerd*. Chicago: Moody, 1949.

Ehrlich, Paul R. & Ann H. *Population, Resources, Environment: Issues in Human Ecology*. San Francisco: W.H. Freeman and Co., 1970.

Eusebius. *Ecclesiastical History*, 5, 16, 9.

_____. *Against Eighty Heresies*, 48, 11, 1.

Flemming, Dean. *Contextualization in the New Testament*. Downers Grove, Ill.: IVP, 2005.

Fletcher, Richard, *The Barbarian Conversion: From Paganism to Christianity*. Berkeley & Los Angeles: University of California Press, 1999.

Fox, Matthew. *The Coming of the Cosmic Christ*. San Francisco: Harper & Row Publishers, 1988.
Fox, Robin Lane, *Pagans and Christians*. Harmondsworth: Penguin, 1986.
Frend, W.H.C. *The Donatist Church: A Movement of Protest in Roman North Africa*. Oxford: Clarendon, 1985.
Glauz-Todrank, Stephen. *Transforming Christianity*. 1996.
Grant, Colin A. "Europe's Moravians: A Pioneer Missionary Church" in *Perspectives*. Pasadena: William Carey Library, 1981.
Greenslade, S.L. *Church and State from Constantine to Theodosius*. London: SCM Press, 1954.
Greenway, George William. *St. Boniface*. London: Adam & Charles Black, 1955.
Hall, Douglas J. *The Steward : A Biblical Symbol Come of Age*. New York: Friendship Press, 1990.
_____. *The End of Christendom and the Future of Christianity*. Harrisburg: Trinity, 1996.
Hauerwas, Stanley. *After Christendom?: How the church is to behave if freedom, justice, and a Christian nation are bad ideas*. Nashville: Abingdon, 1991.
Hauerwas, Stanley and Willimon, William. *Resident Aliens: A Provocative Christian assessment of culture and ministry for people who know that something is wrong*. Nashville: Abingdon, 1991.

Herrin, Judith. *The Formation of Christendom*. Princeton: Princeton University Press, 1997.

Hogg, William Richey. *Ecumenical Foundations*. New York: Harper & Brothers, 1952.

Howard, David M. *Student Power in World Mission*. Downer Grove, Ill.: InterVarsity Press, 1979.

Hudson, Anne. *The Premature Reformation: Wycliffite Texts and Lollard History*. Oxford: Clarendon Press, 1988.

Jacobs, Steven L. *Rethinking Jewish Faith: The Child of a Survivor Repon*. Albany: Suny Press, 1994.

Jenkins, Philip. *The Next Christendom: The Coming of Global Christianity*. New York: Oxford University Press, 2002.

Jonew, A.H.M. *Constantine and the Conversion of Europe*. Harmondsworth: Penguin, 1972.

Kane, Herbert. *A Global View of the Christian Missions: From Pentecost to the Present*. Grand Rapids: Baker Book House, 1979.

Kee, Alister. *Constantine versus Christ: The Triumph of Ideology*. London: SCM, 1982.

Kinsley, David. *Ecology and Religion: Ecological Spirituality in Cross-Cultural Perspective*. Englewood Cliffs, N.J.: Prentice Hall, 1955.

Kreider, Alan. *The Change of Conversion and the Origin of Christendom*. Harrisburg: Trinity Press, 1999.

Kyle, Richard. *The New Age Movement in American Culture*.

Lanham, MD: University Press of America, 1995.

Laining, Mark T.B. ed. *Leadership and Mission.* Delhi: Cambridge Press, 2004.

Lambert, Malcolm. *Medieval Heresy: Popular Movements from the Gregorian Reform to the Reformation.* Oxford: Blackwell, 1992.

Latourette, Kenneth Scott. *A History of The Expansion of Christianity*(vol. 2).

_____. *These Sought of a Country.* N.Y.: Harper & Brothers, 1950.

Lieu, Samuel and Dominic Montserrat. *From Constantine to Julian: Pagan and Byzantine Views.* London: Routledge, 1996.

Little, Christopher R. *Mission in the Way of Paul: With Special Reference to Twenty-First Century Christian Mission.* Pasadena: Fuller T.S. unpublished Ph.D. Dissertation, 2003.

Lutz, Paul E. and Santmire H., Paul. *Ecological Renewal.* Philadelphia: Fortress Press, 1972.

Macquarrie, John. *In Search of Deity.* 1985.

Markus, R.A. *The End of Ancient Christianity.* Cambridge: Cambridge University Press, 1990.

McFague, Sallie. *The Body of God: An Ecological Theology.* Minneapolis: Fortress Press, 1993.

McHarg, Ian. *Design With Nature.* Garden City: Natural History

Press, 1969.

Miles, Jack. *God: A Biography*. Knopf, 1995.

Mott, John R. *Five Decades and a Forward View*. New York: Harper and Brothers, 1939.

Mott, John. *Christian Students and World Problems: Report on the Ninth International S.V.M. Convention*. New York: Student Volunteer Movement, 1924.

_____. *Five Decades and a Forward View*. New York: Harper and Brothers, 1939.

Murray, Stuart. *Post-Christendom*. Waynesboro, GA: Paternoster Press, 2004.

Neill, Stephen. *A History of Christian Mission*. New York: Orbis Book, 1964.

Newbigin, Lesslie. *The Open Secret*. Grand Rapids: William B. Eerdmans Publishing Company, 1995.

Omulogoli, Watson A. *The Student Volunteer Movement: Its History and Contribution*. Wheaton, Ill.: Wheaton College, 1967.

Parker, Michael. *The Kingdom of Character*. New York: ASM and University Press of America, 1998.

Paeth, Scott, and Others. ed. *The Local Church in a Global Era: Reflection for a New Century*. Grand Rapids: William B. Eerdmans Publishing Company, 2000.

Pearse, Meic, *The Great Restoration: The Religious Radicals of the 16th and 17th Centuries*. Carlisle: Paternoster Press,

1998.

Pierson, Paul E. *The Historical Development of The World Missionary Movement*. Fuller Theological Seminary MH520 Syllabus, 1982 .

_____. *Emerging Streams of Church and Mission*. Thailand: 2004 Forum for World Evangelization, 2004.

Piper, John. *Let the Nations Be Glad! The Supremacy of God in Mission*. Grand Rapids: Baker Academic, 2003.

Robert P. Wilder, T*he Student Volunteer Movement: Its Origin and Early History*. New York: The Student Volunteer Movement, 1935.

Robeck, Jr., Cecil M. *The Azusa Street: Mission and Revival*. Nashville, Tennessee: Thomas Nelson, Inc., 2006.

Rosenberg, Emily S. *Spreading the American Dream: American Economic and Cultural Expansion, 1890-1945*. New York: Hill and Wang, 1982.

Rouleau, F.A. "Matteo Ricci" in *The New Catholic Encyclopedia*, ed. William J. McDonald, N.Y.: McGraw & Hill, 1967.

Rouse, Ruth. *The World's Student Christian Federation: A History of The First Thirty Years*. London: S.C.M. Press, 1948.

Roxburgh, Alan. *The Missionary Congregation, Leadership, and Liminality*. Harrisburg: Trinity Press, 1997.

Rust, Eric C. *Nature and Man in Biblical Thought*. London: Luther Worth Press, 1953.

_____. *Science and Faith: Toward a Theological Understanding of Nature.* New York: Oxford University Press, 1967.

_____. *Nature: Garden or Desert?* Waco, Tex.: Word Books, 1971.

Santmire, Paul. *The Travail of Nature: The Ambiguous Ecological Promise of Christian Theology.* Philadelphia: Fortress Press, 1985.

Schaff, Philip. "Medieval Christianity", Vol. 4 of *History of the Christian Church.* Grand Rapids: Eerdmans, 1979.

Schmidlin, Joseph. *Catholic Mission History.* Techny, Ill.: Doctrine Word Mission Press, 1933.

Shedd, Clarence, *Two Centuries of Student Christian Movement.* New York: Association Press, 1934.

Sheldon, Joseph K. *Rediscovery of Creation: A Biblical Study of the Church's Response to the Environmental Crisis.* Metuchen, N.J.: The American Theological Library Association, 1992.

Smith, David, *Mission After Christendom.* London: Darton, Longman & Todd, 2003.

Snyder, C. Arnold. *Anabaptist History and Theology: An Introduction.* Kitchener: Pandora Press, 1995.

Spangler, David. *Reimagination of the World: A Critique of the New Age, Science, and Popular Culture.* SantaFe, N. Mex: Bear & Company, 1991.

Sprague, William B. *Annals of the American Pulpit.* New York: Robert Larker and Brothers, 1859.

Talbot, C.H. "St. Boniface and the German Mission" in *The Mission of the Church and the Propagation of the Faith.* ed. G.J. Cuming, Cambridge: The University Press, 1970.

Tucker, Ruth A. *From Jerusalem to Irianjaya: A Biographical History of Christian Mission.* Grand Rapids: Zondervan, 1983.

Verkuyl, Johannes. *Contemporary Missiology: An Introduction.* Grand Rapids: Baker Book House, 1978.

Walls, Andrew. *The Missionary Movement in Christian History: Studies in the Transmission of Faith.* Edinburgh: T. & T. Clark, 1996.

_____. *The Cross-Cultural Process in Christian History: Studies in the Transmission and Appropriation of Faith.* Edinburgh: T. & T. Clark, 2002.

Waugh, Scott & Peter D.(eds.), *Christendom and Its Discontents: Exclusion, Persecution, and Rebellion, 1000-1500.* Cambridge: Cambridge University Press, 1996.

Weinlick, John R. *Count Zinzendorf.* Nashville: Abingdon, 1956.

Wessels, Anton. *Europe: Was it Ever Really Christian?: The Interaction Between Gospel and Culture.* London: SCM Press, 1994.

Wright, Nigel. *Disavowing Constantine: Mission, Church and the Social Order in the Theologies of John Howard*

Yoder and Jurgen Moltmann. Calisle: Paternoster Press, 2000.

White, Lynn. "The Historical Roots of Our Ecologic Crisis" *Science 155*(1967), 1203-1207.

Winslow, Ola E. *John Eliot*. Boston: Houghton Mifflin, 1968.

Winter, Ralph D. "The Two Structures of God's Redemptive Mission" in *Perspectives on the World Christian Movement: A Reader*. Pasadena: William Carey Library, 1981.

Wright, Richard T. *Biology Through the Eyes of Faith*. San Francisco: Harper & Row Pub., 1989.

Yates, Timothy. *Mission-An Invitation to God's Future*. Sheffield: Cliff College Pub., 2000.

Yoder, John Howard. *The Priestly Kingdom: Social Ethics as Gospel*. Notre Dame: University of Notre Dame Press, 1984.

Zwemer, Samuel M. *Raymond Lull: First Missionary to the Moslems*. New York: Funk & Wagnalls, 1902.

> 판 권
> 소 유

－세계로 확산된 성령의 불길－
다시 써야 할 세계 선교 역사 I

2007년 1월 25일 1판 1쇄 발행
2008년 1월 15일 1판 3쇄 발행

지은이 | 최정만
발행인 | 이형규
발행처 | 쿰란출판사

주소 | 서울 종로구 이화동 184-3
TEL | 02-745-1007, 745-1301, 747-1212, 743-1300
영업부 | 02-747-1004, FAX / 02-745-8490
본사평생전화번호 | 0502-756-1004
홈페이지 | http://www.qumran.co.kr
E-mail | qumran@hitel.net
         qumran@paran.com
한글인터넷주소 | 쿰란, 쿰란출판사

책임교열 | 김향숙

등록 | 제1~670호(1988.2.27)

값 10,000 원

ISBN 978-89-5922-326-3 (세트)
     978-89-5922-327-1 93230

＊ 저작권자 ⓒ 2006 최정만
  이 책의 저작권은 저자에게 있습니다. 저자와 출판사의 서면 허락 없이는 내용의
  일부를 인용하거나 발췌, 또는 무단 복제할 수 없습니다.